LES NOUVEAUX CAHIERS

Français

Bac Pro Tle

En cours
En accompagnement personnalisé
Préparation au Bac Pro

Michèle Sendre-Haïdar
Inspectrice de l'Éducation nationale, Lettres
Académie de Versailles

Françoise Abjean
Professeur de lycée professionnel
Académie de Versailles

Annie Couderc
Inspectrice de l'Éducation nationale, Lettres-Histoire
Académie de Versailles

Emmanuelle Goulard
Inspectrice de l'Éducation nationale, Lettres
Académie de Montpellier

Émilie Hammel-Lhuillier
Professeur de lycée professionnel
Académie de Montpellier

Florian Seuzaret
Professeur de lycée professionnel
Académie de Lyon

FOUCHER

Votre « Nouveau Cahier » de Français

→ Pour **découvrir**, **approfondir**, **réviser** les notions essentielles du programme.
→ Pour vous **préparer** méthodiquement aux compétences requises pour l'examen.
→ Pour vous **entraîner** aux épreuves du bac pro sur des sujets variés.
→ Pour vous **autoévaluer** sur les connaissances et les capacités demandées.

Quel contenu ?

21 fiches OBJET D'ÉTUDE	• **7 fiches recto/verso** par objet d'étude. • Un classement par dominante : *Lecture*, *Langue*, *Expression*. • Des **supports** et **activités variés**. • Des **Blocs-notes** pour définir les notions. • Des **Bilans** pour faire le point sur ce que vous avez appris.
18 fiches MÉTHODE EXAMEN	• **5 à 7 fiches recto/verso** par objet d'étude. • Un classement en *Compétences de lecture* et *Compétences d'écriture*. • Des **supports** et des **questions comme à l'examen**. • Des exemples de réponses pour servir de **modèle**. • Des **Points Exam'** pour expliquer les méthodes.
6 fiches ÉVALUATION	• **3 sujets** de **bac pro guidés**. • **3 sujets** de **bac pro** avec des **grilles d'évaluation** en lecture et écriture.
3 fiches ÉPREUVE DE CONTRÔLE	• Pour découvrir l'épreuve orale et ses **critères d'évaluation**. • Pour s'entraîner à la **présentation d'une œuvre** ou d'**un groupement**. • Pour participer à l'**entretien**.

Comment l'utiliser ?

→ En **classe** avec votre professeur.
→ En **accompagnement personnalisé** seul ou en groupe.
→ En **autonomie** au CDI ou chez vous…

Avec tous nos souhaits de réussite !

Les auteurs

ISBN 978-2-216-13163-1

SOMMAIRE

Identité et diversité

FICHES OBJET D'ÉTUDE

- **Fiche 1** **Lecture** • Sur les pas de deux voyageuses 5
- **Fiche 2** **Parcours de lecture** • *Salam Ouessant* d'Azouz Begag 7
- **Fiche 3** **Langue** • Le lexique du comportement, du jugement et des valeurs 11
- **Fiche 4** **Lecture** • Des témoignages humanistes contre le colonialisme 13
- **Fiche 5** **Langue** • La concession et l'opposition dans une argumentation 17
- **Fiche 6** **Expression** • Se présenter en familles 19
- **Fiche 7** **Bilan** • Le point sur l'objet d'étude 21

FICHES MÉTHODE EXAMEN

- **Fiche 8** **Compétences de lecture** • Découvrir des sujets de bac pro 23
- **Fiche 9** **Compétences de lecture** • Caractériser des corpus d'examen 25
- **Fiche 10** **Compétences de lecture** • Rédiger la présentation des corpus 27
- **Fiche 11** **Compétences d'écriture** • Différencier les formes d'argumentation 29
- **Fiche 12** **Compétences d'écriture** • Diversifier les arguments et leurs exemples 31
- **Fiche 13** **Compétences d'écriture** • Analyser la démonstration d'une thèse 33
- **Fiche 14** **Compétences d'écriture** • Rédiger la démonstration d'une thèse 35

FICHES ÉVALUATION BAC PRO

- **Fiche 15** **Sujet d'examen** • Sujet de bac pro guidé 37
- **Fiche 16** **Sujet d'examen** • Sujet de bac pro 41

Au XXᵉ siècle, l'homme et son rapport au monde à travers la littérature et les autres arts

FICHES OBJET D'ÉTUDE

- **Fiche 17** **Lecture** • Parcours d'une artiste : Niki de Saint Phalle 45
- **Fiche 18** **Langue** • Le lexique pour commenter les images 47
- **Fiche 19** **Lecture** • Le mythe de Don Juan : de ses origines à nos jours 49
- **Fiche 20** **Langue** • Des symboles aux allégories 53
- **Fiche 21** **Parcours de lecture** • *Histoires* de Jacques Prévert 55
- **Fiche 22** **Expression** • Représenter sa vision du monde 59
- **Fiche 23** **Bilan** • Le point sur l'objet d'étude 61

FICHES MÉTHODE EXAMEN

Fiche 24 Compétences de lecture • Étudier les questions d'analyse et d'interprétation 63
Fiche 25 Compétences de lecture • Répondre aux questions d'analyse et d'interprétation 65
Fiche 26 Compétences d'écriture • Analyser la réfutation d'une thèse 67
Fiche 27 Compétences d'écriture • Rédiger la réfutation d'une thèse 69
Fiche 28 Compétences d'écriture • Analyser une délibération 71
Fiche 29 Compétences d'écriture • Rédiger une délibération 73

FICHES ÉVALUATION BAC PRO

Fiche 30 Sujet d'examen • Sujet de bac pro guidé 75
Fiche 31 Sujet d'examen • Sujet de bac pro 79

La parole en spectacle

FICHES OBJET D'ÉTUDE

Fiche 32 Lecture • Les mises en scène de la parole publique 83
Fiche 33 Lecture • À la tribune de citoyens militants 85
Fiche 34 Langue • Les effets de soulignement et d'effacement 89
Fiche 35 Lecture (texte intégral) • « L'Heure de l'ouvrier » de Bertolt Brecht 91
Fiche 36 Langue • Implicites, sous-entendus et lieux communs 95
Fiche 37 Expression • Exprimer son émotion sur un spectacle 97
Fiche 38 Bilan • Le point sur l'objet d'étude 99

FICHES MÉTHODE EXAMEN

Fiche 39 Compétences d'écriture • Nuancer une argumentation 101
Fiche 40 Compétences d'écriture • Insérer des références et des citations 103
Fiche 41 Compétences d'écriture • Renforcer la cohérence d'une argumentation 105
Fiche 42 Compétences d'écriture • Améliorer l'expression écrite des rédactions 107
Fiche 43 Compétences de lecture et d'écriture • Créer un sujet d'examen 109

FICHES ÉVALUATION BAC PRO

Fiche 44 Sujet d'examen • Sujet de bac pro guidé 111
Fiche 45 Sujet d'examen • Sujet de bac pro 115

FICHES ÉPREUVE DE CONTRÔLE

Fiche 46 Oral • Découvrir l'épreuve de contrôle 119
Fiche 47 Oral • Présenter une œuvre 121
Fiche 48 Oral • Présenter un groupement 123

→ **Votre lexique à compléter** 125
→ **Les fiches et le programme** 127

Sur les pas de deux voyageuses

ÉTAPE 1 Caractériser un carnet de voyage

La page d'un carnet de voyage au Vanuatu (archipel du Pacifique)

Là où un touriste de passage, muni d'un appareil photo numérique, n'aura que mitraillé distraitement avant de passer son chemin, le dessinateur prend le temps de se poser, de s'intéresser aux détails et aux gens. Et ceux parmi les habitants du lieu qui étaient curieux mais timides entament une conversation. […]

Chaque carnet a été le compagnon privilégié d'un grand voyage […]. [Les carnets] ont vécu tous les moments du périple, les attentes, les émerveillements, les moments contemplatifs et les galères. […] On a d'ailleurs souvent du mal à les fermer tant ils sont bavards de souvenirs dessinés, collés et croqués[1], récits consciencieusement narrés sur le papier le soir, ou notes griffonnées dans la précipitation sur la route.

Stéphanie Ledoux, *Portraits de voyage*, © Éditions Elytis, 2012.

1. Rapidement esquissés.

1. Expliquez comment la voyageuse établit le contact avec les habitants des lieux qu'elle visite.

....

....

2. Listez les souvenirs que l'on peut trouver dans un carnet de voyage, à l'aide de l'image, du texte et du site de la voyageuse (http://stephanie-ledoux.blogspot.fr).

....

....

3. Cochez les réponses qui, selon vous, correspondent le mieux à la démarche de la voyageuse.

- Elle privilégie : ☐ les dessins et les portraits ☐ les récits
- Elle cherche à : ☐ provoquer une réflexion ☐ créer un objet artistique
- Elle souhaite : ☐ réaliser un documentaire objectif ☐ transmettre un vécu

ÉTAPE 2 Lire une chronique racontant la rencontre de l'autre

Deux jeunes femmes, l'auteure et une autre Occidentale, s'apprêtent à découvrir le désert du Rajasthan. Elles attendent leurs guides locaux dans un modeste hôtel où elles logent. Des hommes désœuvrés regardent les spectacles télévisés de MTV, la chaîne américaine.

La chronique d'une voyageuse occidentale en Inde

Ils croisent nos regards fatigués, nos tuniques et pantalons en lin : « Pourquoi ne vous habillez-vous pas comme chez vous ? » Nous mettons du temps à comprendre. « Mais chez nous on ne s'habille pas comme ça ! » s'indigne-t-on en pointant mollement du menton les Afro-Américaines de MTV. C'est l'exemple de tant d'autres, de trop d'autres événements similaires. Si telle est l'image que l'ailleurs a de l'Occident, forcément que l'Occident est enviable. Luxe, alcool, plaisirs, voitures, technologie [...]. Très loin de ce qu'ils connaissent, de leurs préoccupations quotidiennes : trouver un toit, trouver à manger. Après, éventuellement, posséder des choses, se reproduire, trouver une femme. Ce qu'ils ne savent pas, c'est que ces images sont aussi irréelles pour nous que pour eux. Et c'est là qu'il y a incompréhension. [...] Dans le désert, Moka[1] nous conduit. Sa peau ambrée est enserrée dans une longue tunique blanche. Moka est né dans un village près de Jaisalmer[2], qu'il appelle « la grande ville » (60 000 habitants). Moka n'a jamais été à l'école et parle parfaitement trois langues, dont l'anglais appris avec les touristes. [...] Il nous demande de lui parler de Delhi, cette grande ville qui est sa capitale et qu'il ne verra jamais. Moka vient de se marier. Il voit sa femme un mois par an et, pendant cette période, lui apporte un cadeau par jour. Le reste de l'année, il écume le désert, seul ou avec ses frères. [...] Nous rions beaucoup ce soir-là. À la question « Dans quelle direction se trouve votre pays ? », nous indiquons la frontière pakistanaise. « Ce n'est pas possible, là c'est le Pakistan. » « Oui mais beaucoup plus loin ! » Nous rions. Ils ont entendu parler d'une pilule qui empêche d'avoir des enfants, ils nous interrogent à ce sujet. Ils se penchent vers nous pour s'étonner de nos appareils photo, ils ont la tête aussi proche qu'un futur amant avant le premier baiser. D'où me vient, alors, cette certitude que rien de cet ordre ne peut se produire, que rien de semblable n'existe même dans leur univers ?

Aude Seigne, *Chroniques de l'Occident nomade*, © Éditions Zoé, 2011.

1. Le guide indien.
2. Ville du Rajasthan proche de la frontière pakistanaise.

4. Surlignez dans le texte ce qui caractérise la société occidentale, selon les Indiens.

5. Reformulez ce que les jeunes gens découvrent les uns des autres lors de leurs échanges.

- Les Indiens s'étonnent ....

....

- Les deux femmes s'étonnent ....

....

....

6. Expliquez ce qui réunit les jeunes gens, au-delà de leurs différences culturelles.

....

....

BLOC-NOTES

Les écrits de voyage

› Le **carnet**, illustré, et le **journal de voyage**, plus intime, écrits au jour le jour ou reconstitués par la mémoire, fixent le souvenir du voyageur. Ils respectent la chronologie et visent à séduire et à faire rêver le lecteur.

› Les **blogs**, outre des récits, des photos et des vidéos, partagent astuces et bons plans.

› Les **chroniques**, courts textes classés par thèmes, et les **essais** transmettent une vision plus distanciée et font réfléchir.

› Ces écrits témoignent d'un **regard sur l'autre** et permettent aux lecteurs de se défaire de préjugés.

Salam Ouessant d'Azouz Begag

ÉTAPE 1 Découvrir la famille et les origines du narrateur

Azouz Begag, né à Lyon en 1957 de parents immigrés algériens, écrit des romans autobiographiques. Le narrateur de* Salam[1] Ouessant*, qui sort d'un divorce difficile, compte renouer avec ses deux filles, Sofia et Zola, à l'occasion d'une semaine de vacances dans l'île bretonne. La vedette* Fromveur*, sur laquelle ils ont embarqué, va accoster.

EXTRAIT 1

Depuis le pont du *Fromveur*, d'un œil, je surveillais l'île mystérieuse qui s'avançait vers nous et, de l'autre, ma fille aînée Sofia qui faisait grise mine à côté de sa sœur Zola. J'avais si peur qu'elles soient déçues que je n'osais faire le moindre commentaire. Brusquement, Sofia a laissé choir[2] son sac à dos à ses pieds.

« J'aurais préféré aller en Algérie. »

Elle a ajouté qu'une copine de sa classe y était actuellement en vacances avec sa famille, elle lui avait envoyé une superbe carte postale qui donnait envie d'y plonger, tant les paysages étaient beaux.

Et le soleil radieux. L'Algérie ? [...]

Mes filles se seraient vite ennuyées à l'intérieur de la maison vide que mon père avait construite du temps où ses bras avaient du répondant. Il n'y avait pas d'air conditionné, pas d'eau courante, pas de télévision. [...]

Je ne voulais pas les emmener là-bas. J'avais l'appréhension qu'elles aient une mauvaise image du pays de mes parents et de mes ancêtres. Je voulais garder le souvenir intact dans ma mémoire et, de temps en temps, le colorer en leur narrant de beaux récits sur cette terre où, un jour, elles iraient peut-être rechercher les cendres de leurs origines. [...]

L'Algérie ? Elles ne savaient pas de quoi elles parlaient. Et moi non plus, à vrai dire. Cela faisait plus de vingt ans que je n'y avais pas remis les pieds. Je n'aurais pas été un bon guide. Je n'aurais plus rien reconnu. La population avait doublé en nombre. Les immeubles HLM avaient balafré[3] le paysage urbain. Et puis j'avais changé, aussi. Depuis longtemps déjà, ma peau de soyeux[4] lyonnais ne supportait plus les agressions du soleil et ses radiations, mon nez de *gaouri*[5] s'offusquait des effluences[6] excessives des rues pauvres et crasseuses, mes oreilles s'irritaient du vacarme de la ville populeuse, et l'été, je préférais désormais les plages de la Côte-d'Azur à celles d'Azemmour[7].

Azouz Begag, *Salam Ouessant*, © Albin Michel, 2012.

1. *Salam (aleykoum)* : en arabe, « la paix soit avec vous ».
2. Tomber.
3. Abîmé.
4. Ouvrier de la soie.
5. Mot arabe : Occidental.
6. Relents, émanations.
7. Ville marocaine.

1. Caractérisez l'état d'esprit du narrateur en ce début de roman.

....

2. Surlignez différemment les éléments du texte renseignant sur les liens entre les trois générations (le narrateur, son père et ses filles) et l'Algérie. **Expliquez** la nature de ces liens.

- Les filles ....
....
- Le narrateur ....
....
- Le père du narrateur ....
....

ÉTAPE 2 Partager des réminiscences du passé

Le voyage vers l'île d'Ouessant rappelle au narrateur une autre traversée : celle qui le menait, enfant, avec sa famille, tous les étés en Algérie.

1. Paquebot qui reliait Marseille et Alger.
2. Le père du narrateur, comme celui d'Azouz Begag, était ouvrier du bâtiment.
3. Le dos.

EXTRAIT 2

J'ai envie de raconter que je me revois sur le pont du *Ville-de-Marseille*[1] qui nous ramène chez nous avec ma famille. J'ai envie de décrire les lèvres de mon père qui forment des mots qui ne viennent pas…, les odeurs maternelles qui m'ont réveillé au petit jour de ce grand jour. […] Le travailleur exilé boutonne sa veste de costume. Le manœuvre du bâtiment[2] s'est paré en dimanche. Devant sa femme et ses enfants, il est fier. Et puis il faut faire honneur à ceux restés au village après l'indépendance. Lorsqu'il va poser le pied sur la terre du retour, il va essayer de faire croire que la France c'est l'Eldorado, qu'il en revient brodé d'or et cousu d'argent. Il fera semblant de connaître personnellement le bonheur, dira qu'il le tutoie. Il redresse l'échine[3]. L'arrivée au foyer lui tire de fines larmes dans lesquelles se reflète le soleil.

Azouz Begag, *Salam Ouessant*, © Albin Michel, 2012.

Le narrateur se souvient d'un compagnon de son enfance : Yvon, un exilé comme lui, mais… de l'île d'Ouessant.

1. Né dans le pays qu'il habite.
2. Rebellé.
3. Ancêtres.

EXTRAIT 3

Yvon Le Guen m'a sauvé de l'isolation humaine […].
Comme mon frère Malik, il adorait se défendre avec des mots qu'il taillait en lames de couteaux. Ainsi, c'est lui qui m'annonça un jour que j'étais un indigène[1] lyonnais. « Indigène ? » Je m'étais cabré[2]. Ce mot me rebutait. Je me souvenais qu'en Algérie les Français en colonie appelaient ainsi les gens de ma tribu. […] Elle ne me plaisait pas du tout, cette image, mais au contact d'Yvon, je me suis observé sous différents angles, aigus, obtus, j'ai redressé l'échine. Ma bosse a disparu. J'ai senti la fierté d'être un angle droit. J'ai cessé d'avoir honte de mes ascendants[3].
« Je suis un indigène, né à l'hôpital Édouard-Herriot de Lyon ! » j'avais crié à Yvon.
Il s'était bien marré.
Je n'ai jamais oublié.
Cette rencontre avec ce Français à l'ouest me transforma. Je suis devenu un autre. J'ai desserré les poings. Le monde m'ouvrait les bras. J'aimais la France du quartier de la place Sathonay. J'étais son fils légitime.

Azouz Begag, *Salam Ouessant*, © Albin Michel, 2012.

3. (Extrait 2) **Surlignez** les éléments du texte qui trahissent les sentiments du père du narrateur. Quelle image de lui et de sa famille veut-il donner à ceux qui sont restés au pays ?

…………………………………………………………………………………………

…………………………………………………………………………………………

…………………………………………………………………………………………

…………………………………………………………………………………………

4. (Extrait 3) **Surlignez** une phrase qui prouve que le narrateur a réussi à s'intégrer. **Montrez** qu'Yvon l'a aidé à construire son identité.

…………………………………………………………………………………………

…………………………………………………………………………………………

…………………………………………………………………………………………

…………………………………………………………………………………………

…………………………………………………………………………………………

ÉTAPE 3 Rencontrer à Ouessant un autre exilé

À la fin du séjour, avant de reprendre le bateau, le narrateur rencontre l'ancien gardien du phare de l'île d'Ouessant, Le Bihan, qui lui dévoile à son tour ses origines…

EXTRAIT 4

Il est de la tribu des pieds-noirs[1], il est né là-bas lui aussi, à Alger, me donne le nom précis de son quartier, Bab el-Oued[2], celui de sa rue, Marengo, le numéro, 5 bis, au troisième étage, à droite en sortant de l'ascenseur, qui ne marche jamais bien sûr, où tu as vu un ascenseur qui marche à Alger à cette époque, hein ? […]

Il a dégazé[3] son histoire sur le quai sans respirer. Il la retenait dans son ventre depuis son départ de là-bas. Après l'indépendance en 1962, la peur a gagné et s'est diffusée comme une traînée de poudre à tous les étages de son immeuble, l'histoire prenait un virage en épingle à cheveux. Il a fallu faire sa valise et partir à la hâte, à l'aveuglette, la nuit, comme des mouettes.

Il a embarqué sur un bateau, le *Ville-d'Alger*, direction Marseille. Il est allé en métropole. Il a posé sa valise sur le continent. Il n'a pas osé regarder derrière lui la baie de la ville blanche qui se refermait sur son enfance, les filles bronzées de la pointe Pescade[4], l'anisette et la *kémia*[5] de Bab el-Oued, les champs de blé à Palestro[6] […].

Le Bihan sait ce que partir veut dire.

Azouz Begag, *Salam Ouessant*, © Albin Michel, 2012.

1. Français d'Algérie.
2. Quartier européen d'Alger hostile à l'indépendance.
3. Déversé (terme de marine).
4. Aujourd'hui Raïs Hamidou, plage d'Alger.
5. Amuse-gueules.
6. Arrière-pays algérois, lieu de promenade dominicale.

ÉTAPE 4 Interpréter la fin du récit

C'est la fin des vacances et le retour de la famille sur le continent. Le narrateur, qui s'est attardé sur le quai, a failli manquer le départ du bateau.

EXTRAIT 5

Mes filles me grondent comme si j'étais un rustre, comment auraient-elles fait, seules, si le *Fromveur* m'avait abandonné là ?

« Hein, tu y as pensé, à ça ? »

J'avoue que non.

Zola tempête.

Je lui dis : « Je t'aime. »

Elle dit : « Quoi ?

– Je t'aime. »

Et là, elle ne sait pas quoi dire. Pour une fois, elle reste sans voix[1].

Sa sœur la regarde et verse une larme. Je lui dis que je l'aime aussi. Et puis après je leur dis à toutes les deux :

« Vous êtes mon île au trésor. Ce que j'ai de plus cher au monde. »

Alors elles se lèvent en même temps et on se serre les uns contre les autres, on fait un petit trépied[2] familial qui résiste au vent mauvais. On se tient chaud.

Ensemble.

Azouz Begag, *Salam Ouessant*, © Albin Michel, 2012.

1. Le séjour dans l'île a rapproché le narrateur et ses filles dont il avait perdu la garde après son divorce. Très proches de leur mère, elles étaient jusqu'ici distantes à son égard.
2. Support à trois pieds.

5. (Extrait 4) **Montrez** que Le Bihan et le narrateur ont vécu différemment leur exil.

……………………………………………………………………………………

……………………………………………………………………………………

……………………………………………………………………………………

6. (Extrait 5) **Encadrez** la métaphore qui montre que la famille s'est reconstituée. **Expliquez**.

……………………………………………………………………………………

……………………………………………………………………………………

BILAN DU PARCOURS DE LECTURE

Présenter le livre

- Auteur : ....
- Titre : ....
....
- Date de parution : ....
- Genre littéraire : ....
....
- Registre narratif : ....
....

- Résumé de l'histoire : ....
....
....
....
....
- Mots-clés : ....
....
....

Synthétiser les lignes de force de l'œuvre

Un récit de filiation…

- Les indices de l'autofiction : ....
....
....
....
- Les héritages du narrateur : ....
....
....
....
- Les liens du narrateur avec ses enfants : ....
....
....
....

… en lien avec la décolonisation

- Un contexte ancré dans l'histoire : ....
....
....
- Des générations, des itinéraires divers : ....
....

… sous forme de récit de voyage

- Un voyage dans le passé : ....
....
....
- Un cheminement vers ses filles : ....
....

Exprimer un jugement sur le récit

- **Formulez** ce que vous ont montré ces extraits du livre sur la construction de notre identité dans sa diversité : la place de notre héritage familial, de nos amis, de notre environnement…

....
....
....

BLOC-NOTES

L'autofiction et le récit de filiation

› Comme l'**autobiographie** (*auto = soi, bio = vie, graphie = écrit*), l'**autofiction** est énoncée à la **1re personne** d'un **point de vue interne**. Le héros est aussi le **narrateur**.

› C'est souvent un **récit de filiation** car son intrigue porte sur une **tranche de vie** du personnage dans sa relation avec ses origines, sa famille, l'histoire.

› Mais ce récit vrai sur soi intègre des **éléments fictionnels** inventés par l'auteur : lieux, péripéties…

Le lexique du comportement, du jugement et des valeurs

OBSERVATION Distinguer comportement, jugement et valeur

Extrait d'un carnet de voyage en Inde

Selon la coutume indienne de l'hospitalité, notre hôte avait insisté longuement. Nous avons donc accepté son invitation, de peur de le blesser en repoussant son offre. Nous nous sommes interrogés sur la conduite à adopter lors de la soirée afin d'éviter les maladresses grossières des étrangers nouvellement arrivés. Nous avons estimé qu'à notre avis quelques pâtisseries seraient un cadeau apprécié. Dès l'entrée de la maison, nous avons observé les règles de savoir-vivre en ôtant nos chaussures. Le maître de maison nous a indiqué ensuite des fauteuils, mais cette marque d'honneur nous a gênés. Devant notre réaction, notre hôte nous concéda le droit de nous asseoir sur le sol, comme les autres convives. Après le rite du lavage des mains au *wash basin*[1], les femmes ont apporté un *thali*[2] servi sur une feuille de bananier. Nous avons d'abord observé l'attitude des invités, puis, après quelques hésitations, nous avons pu, à l'aide de *chapatis*[3], saisir les ingrédients de la main droite, selon la tradition.

Nous n'avons pas osé refuser de manger avec les doigts, mais j'ai finalement trouvé cette façon de faire très pratique. Je ne partage pas le point de vue de Raphaël qui l'a jugée inconfortable. Mon sentiment sur ce repas ? Une belle leçon de générosité et de convivialité !

Léa et Raphaël, janvier 2015.

1. Récipient rempli d'eau.
2. Plat traditionnel à base de viande ou poisson, légumes et sauce.
3. Galettes de blé.

1. Reliez chaque mot à sa définition.

Comportement ○ ○ Ce qui fonde la morale ou les normes collectives.
Jugement ○ ○ Manière d'être, d'agir, de réagir.
Valeur ○ ○ Appréciation favorable ou défavorable sur quelqu'un ou quelque chose.

2. Classez dans le tableau les mots encadrés du texte selon les exemples donnés.

Lexique du comportement	Lexique du jugement
• Synonymes de « comportement » : conduite, ...	• Synonymes de « jugement » : avis, ...
• Noms : maladresses, ...	
• Verbes : insister, blesser, ...	• Verbes : accepter, repousser, ...
• Termes désignant des comportements collectifs : coutume, ...	

3. Listez les valeurs indiennes citées dans le texte : ....

4. Formulez les valeurs dont font preuve, implicitement, par leur comportement, les voyageurs.

....

ENTRAÎNEMENT Qualifier un comportement, exprimer un jugement et affirmer des valeurs

EXO 1 **Trouvez** le nom dérivé de chaque adjectif qualifiant un comportement.

Tolérant → Tolérance
Méprisable → ....
Vantard → ....
Mou → ....
Perspicace → ....
Vif → ....
Équitable → ....
Exemplaire → ....
Exigeant → ....

EXO 2 **Entourez** les intrus dans les listes de verbes de jugement exprimant :

a. une attitude neutre : dénigrer – juger – analyser – abominer – examiner – considérer – observer ;
b. un jugement négatif : récuser – fustiger – blâmer – aduler – condamner – déplorer – rejeter ;
c. un jugement positif : réfuter – souscrire – estimer – contester – réprouver – adhérer – accepter ;

EXO 3 **Surlignez** le lexique du comportement. **Indiquez** la nature grammaticale des mots et du signe de ponctuation soulignés qui expriment un jugement.

J'ai fait de superbes (....................) rencontres en Australie : Italiens, Suédois, Chinois… Il y avait seulement un garçon un peu lourdaud (....................................), qui faisait parfois preuve de sans-gêne. Je suis vraiment (....................) enthousiaste (....................). J'ai travaillé dans des fermes où, en échange, on me logeait et on me nourrissait comme un roi (....................). On a beaucoup ri dans les champs de poivrons ! (....................) J'ai apprécié (....................) la mentalité des habitants : tout le monde se respecte. De plus, l'honnêteté fait partie de leurs valeurs.

ÉCRIRE

Racontez, sous la forme d'un récit de voyage, une rencontre réellement vécue ou inventée. **Décrivez** les comportements de vos nouveaux compagnons. **Exprimez** un jugement sur cette rencontre en lien avec les valeurs que vous défendez personnellement. **Variez** votre lexique.

Jeune voyageur occidental au Viêt-nam.

BLOC-NOTES

Le lexique du comportement, du jugement et des valeurs

› Pour décrire un **comportement**, on utilise la **caractérisation directe** ou **indirecte** (implicite).

› Pour exprimer un **jugement**, on emploie un **lexique valorisant ou dévalorisant** :
verbes (*apprécier*, *rejeter*),
noms (*admiration*, *répulsion*),
adverbes (*superbement*, *affreusement*),
adjectifs qualificatifs (*formidable*, *honteux*).

Les **suffixes péjoratifs** (*vantard*, *fadasse*…), les **figures de style** (*métaphore*, *énumération*…) et la **ponctuation** renvoient également à un jugement.

› Pour exprimer des **valeurs**, on emploie un **lexique abstrait** (*la justice*, *la liberté*…). L'individu ou le groupe se réfère à ces principes pour établir un **jugement**. Les valeurs influencent les **comportements**.

Des témoignages humanistes contre le colonialisme

LECTURE

ÉTAPE 1 S'indigner de la conquête et de la colonisation de l'Amérique

Le poème d'un écrivain chilien

Les écorcheurs désolèrent les îles.
Guanahani[1] fut la première
dans cette histoire de martyres.
Les fils de l'argile virent qu'on brisait
leur sourire, qu'on frappait
leurs corps de cerfs fragiles,
et même dans la mort ils ne comprenaient pas.
Ils furent ligotés, blessés,
brûlés et rebrûlés,
mordus et enterrés.
Et quand le temps dansant dans les palmiers
prit son pas de valse,
le salon vert était vide.

Il ne restait plus que les os
rigidement groupés
en croix, pour la plus grande
gloire de Dieu et des humains. […]

Pablo Neruda, « Ils viennent par les îles » in *Les Conquistadors*, recueilli dans *Chant général*, 1950, trad. Claude Couffon, © NRF Éditions Gallimard.

1. Île des Bahamas où vivaient les Indiens Arawaks lors de l'arrivée de Christophe Colomb en 1492.

Orlan, *Self-hybridations*, 1998-2002.

L'autoportrait d'une artiste française

Orlan, à l'aide de prothèses, peintures et retouches informatiques, crée des autoportraits métissés. Son œuvre rend hommage à la fierté des origines et renvoie aux exterminations successives. « Toute ma vie j'ai essayé de supprimer les frontières entre cultures, civilisations, couleurs de peau, générations, sexes et pratiques artistiques. »

1. **Montrez**, par des surlignages différents que, dans le poème, les Indiens sont présentés de deux façons. **Identifiez** les deux manières de les présenter.

2. **Expliquez** comment Orlan, l'artiste plasticienne, fait un lien entre les cultures.

3. **Montrez** que les artistes utilisent des modalités différentes mais avec les mêmes enjeux.

ÉTAPE 2 Découvrir l'exploitation des colonisés dans les mines du Tonkin

En 1931, Andrée Viollis, grand reporter, participe à un voyage officiel en Indochine française[1] et couvre l'événement pour son journal, Le Petit Parisien. En 1935, la publication de ses notes, sous le titre Indochine SOS, fait scandale : la réalité du système colonial y est décrite sans concession. Dans l'extrait, la journaliste visite la mine à ciel ouvert de Hongay, propriété des charbonnages du Tonkin[2], les plus riches du monde…

1. L'Indochine française, de 1884 à 1954, réunit dans une fédération les colonies et protectorats français (Viêt-nam actuel, Cambodge, Laos).
2. Région située au nord du Viêt-nam.
3. Charbon.
4. Géants mythologiques.
5. Paie.
6. Contremaîtres.
7. Travailleurs, porteurs.

Je ne m'attendais à rien. Tout à coup, à un détour de la route, spectacle inattendu, presque terrifiant : se dressant jusqu'au ciel pâle de chaleur, une gigantesque muraille de houille[3], une muraille pour cyclopes ou titans[4], luit sombrement sous le dévorant soleil. Ébloui, on n'y distingue d'abord rien. Puis on s'aperçoit que cette monstrueuse paroi est habitée. Minuscules, des points isolés bougent, qui sont des fourmis humaines ; ou bien elles avancent en files processionnaires sur les étincelants gradins de diamant noir ; là-bas, le long du mur si lisse, des rames de petits wagons rampent comme des serpents ; des bennes y grimpent à la manière des chenilles ; d'autres sont suspendues comme des araignées au bout de leur fil ; en bas, des trains attendent et, plus loin, au port, des bateaux. Poussière d'hommes dans la ténébreuse poussière de la houille. Une vie énorme et triste grouille et peine du haut en bas de la géante falaise. […]

Je me renseigne auprès d'un ingénieur de la compagnie sur les salaires ouvriers : pour les hommes, de 3,50 francs à 4,50 francs par jour ; pour les femmes, de 2,20 francs à 2,80 francs ; pour les enfants – car il y a aussi des enfants et en trop grand nombre ! – de 1 franc 50 à 1 franc 80. […]

Les travailleurs ont droit à une ration journalière de 1 kilo de riz dont le prix est chaque mois retenu sur leur solde[5], solde qui est payée le 21 de chaque mois pour le mois écoulé, par exemple le 21 novembre pour le travail d'octobre. De façon à ce que ces malheureux ne soient pas tentés de s'enfuir. Point de logements indépendants : dans les lieux d'exploitation, la société loue aux cais[6] recruteurs des paillotes que ceux-ci sous-louent avec bénéfice et où les coolies[7] sont entassés au mépris de toutes les conditions d'hygiène et d'humanité.

On me dit qu'il existe en Indochine une inspection du travail. Elle me semble bien impuissante. Que pourrait-elle faire d'ailleurs puisqu'elle ne peut s'appuyer sur des lois ?

Je suis atterrée.

Andrée Viollis, *Indochine SOS*, NRF, 1935.

4. Soulignez les images poétiques dans le premier paragraphe. **Analysez** leurs effets.

....

....

....

....

5. Listez les conditions dans lesquelles travaillent et vivent les colonisés.

....

....

....

....

....

6. Surlignez les termes qui expriment le jugement de la journaliste.

7. Formulez la visée de l'auteure et les valeurs qui l'ont amenée à publier ce témoignage.

....

....

....

....

ÉTAPE 3 Analyser un jugement sur la société coloniale au Nigeria

Dans ce récit autobiographique, le père de l'auteur, « l'Africain », médecin militaire, juge la colonisation britannique, qu'il a connue à l'île Maurice où il est né, et au Nigeria, où il s'installe avec sa famille, de 1930 à 1950. J.-M. G. Le Clézio avait alors une dizaine d'années.

C'est cette image[1] que mon père a détestée. Lui qui avait rompu avec Maurice et son passé colonial, et se moquait des planteurs et de leurs airs de grandeur, lui qui avait fui le conformisme[2] de la société anglaise, pour laquelle un homme ne valait que par sa carte de visite, lui qui avait parcouru les fleuves sauvages de Guyane, qui avait pansé, recousu, soigné les chercheurs de diamants et les Indiens sous-alimentés ; cet homme ne pouvait pas ne pas vomir le monde colonial et son injustice outrecuidante[3], ses *cocktails-parties* et ses golfeurs en tenue, sa domesticité, ses maîtresses d'ébène[4] prostituées de quinze ans introduites par la porte de service, et ses épouses officielles pouffant de chaleur et faisant rejaillir leur rancœur sur leurs serviteurs pour une question de gants, de poussière ou de vaisselle cassée.

En parlait-il ? D'où me vient cette instinctive répulsion que j'ai ressentie depuis l'enfance pour le système de la Colonie ? Sans doute ai-je capté un mot, une réflexion, à propos des ridicules[5] des administrateurs, tel le *district officer* d'Abakaliki[6] que mon père m'emmenait voir parfois et qui vivait au milieu de sa meute de pékinois nourris au filet de bœuf et aux petits gâteaux, abreuvés uniquement à l'eau minérale. Ou bien les récits de grands Blancs qui voyageaient en convoi, à la chasse aux lions et aux éléphants, armés de fusils à lunette et de balles explosives, et qui, lorsqu'ils croisaient mon père dans ces contrées perdues, le prenaient pour un organisateur de safaris et l'interrogeaient sur la présence d'animaux sauvages, à quoi mon père répondait : « Depuis vingt ans que je suis ici, je n'en ai jamais vu un, à moins que vous ne parliez de serpents et de vautours. »

Jean-Marie Gustave Le Clézio, *L'Africain*, © Éditions Mercure de France, 2005.

1. Ce comportement.
2. Attitude soumise aux normes sociales (péjoratif).
3. Prétentieuse.
4. Du nom d'un bois noir africain.
5. Des comportements ridicules.
6. Haut fonctionnaire de l'administration coloniale britannique, chargé d'administrer la région de cette ville du Nigeria.

8. Recopiez les éléments du texte exprimant explicitement le regard porté par l'Africain sur :

• les planteurs	…………………………
• la société anglaise	…………………………
• le monde colonial	…………………………

9. Indiquez la valeur de ces termes : ☐ valorisants ☐ dévalorisants

10. Montrez en quoi les lignes 8 à 12 suggèrent aussi un jugement.

……………………………………………………………

……………………………………………………………

……………………………………………………………

11. Formulez la vision du colonialisme et les valeurs que l'Africain a transmises à l'auteur.

……………………………………………………………

……………………………………………………………

……………………………………………………………

……………………………………………………………

BILAN DU GROUPEMENT

Présenter le corpus

Titre du groupement : ....

Problématique : ....

	Support 1	Support 2	Support 3	Support 4
Auteur	....	....	....	....
Titre	....	....	....	....
Date	....	....	....	....
Genre	....	....	....	....

Synthétiser les lignes de force

Des témoignages sur des époques et des lieux divers

- Époques : ....
- Lieux : ....

Une même dénonciation

- … de l'oppression coloniale : ....
- … et de ses conséquences : ....
- … au nom des mêmes valeurs : ....

Deux façons de témoigner

- Dire ce que l'on a vu : ....
- Participer au travail de mémoire : ....

Réagir à propos du corpus

- **Choisissez** le support du corpus qui vous a le plus touché(e) et, pour vous entraîner à l'épreuve de contrôle (➔ fiches 46, 47, 48), **justifiez** oralement votre choix.

BLOC-NOTES

La littérature et les arts contre le colonialisme

› Contre l'opinion générale qui voyait dans la colonisation une mission civilisatrice pour éduquer les peuples inférieurs, des **écrivains** et des **artistes** ont alerté leurs contemporains sur le **colonialisme**.

› La **poésie engagée, surréaliste ou de la négritude**, a mis en lumière l'aliénation coloniale.

› Les **essais**, et, dans la **presse anticoloniale**, les **caricatures** et les **reportages**, ont également dénoncé la réalité des colonies.

› Les **autobiographies** et les **récits de filiation**, passés ou actuels, témoignent aussi des souffrances des colonisés.

› Les **autres arts** (photographie, peinture…), rendent hommage aux civilisations décimées par la colonisation.

La concession et l'opposition dans une argumentation

ABC LANGUE

OBSERVATION Comprendre les liens entre la concession et l'opposition

L'accouchement sous X, qui permet à une femme d'accoucher secrètement, divise l'opinion : l'anonymat, déjà assoupli par une série de lois[1], doit-il être maintenu ? Voici un point de vue.

Il est vrai que la plupart des enfants « nés sous X » parviennent à se construire avec leurs parents adoptifs. Cependant, ils sont souvent en quête de leur identité, pouvant souffrir d'un manque, d'une mésestime de soi et de solitude. Il est certes inutile de dire à un enfant qu'il est né d'une conception violente, comme un viol, mais il est important, quand on le peut, de transmettre les circonstances de l'abandon ainsi que des indications sur les origines, le physique ou les compétences des géniteurs. L'anonymat – on peut l'admettre – protège l'enfant non désiré de maltraitance et réduit le taux de néonaticides[2]. Toutefois, afin de permettre aux « nés sous X » de retrouver ultérieurement leurs parents, la loi devrait obliger la mère à laisser son identité sous pli fermé. Aujourd'hui, celle-ci est seulement incitée à le faire. L'anonymat devrait donc être levé aux dix-huit ans de l'enfant pour les « nés sous X » souhaitant connaître leurs parents.

1. Depuis 1996, l'enfant peut accéder à certains renseignements le concernant.
2. Homicides commis sur des enfants de moins d'un jour.

1. Reformulez la question débattue.

....

2. Soulignez la thèse défendue par l'auteur et **encadrez** le connecteur qui l'introduit.

3. Caractérisez l'argumentation développée : ☐ tranchée ☐ nuancée.

Expliquez : ....

4. Surlignez différemment dans le texte, en vous aidant du tableau, les liens logiques de concession et d'opposition. **Complétez** le tableau en indiquant les autres étapes de l'argumentation.

Connecteurs de concession	Arguments concédés à la thèse que l'on combat	Connecteurs d'opposition	Arguments de la thèse que l'on défend
« Il est vrai »	**1.** Les enfants « nés sous X » se construisent avec leurs parents adoptifs.	« Cependant »	**1.** Ils sont souvent en quête de leur identité.
....	**2.**	....	**2.** ....
....	**3.**	....	**3.** ....

5. Définissez ce qu'est une concession et **expliquez** pourquoi elle est suivie d'une opposition.

....

....

ENTRAÎNEMENT Concéder pour nuancer ou renforcer son jugement

EXO 1 **Cochez** la valeur des phrases ou des propositions surlignées. **Soulignez** les connecteurs ou les conjonctions de subordination qui vous ont permis de la reconnaître. **Aidez-vous** du Bloc-notes.

Phrases	Opposition	Concession
• On n'écoute pas les anciens, ils ont pourtant beaucoup à transmettre.	☐	☐
• Même si l'on n'oublie pas ses racines, on finit par s'intégrer.	☐	☐
• La diversité régionale est une richesse, cependant, les patois meurent.	☐	☐
• Des États érigent des murs. Or, les idées n'ont pas de frontières.	☐	☐
• Bien qu'ils nous pèsent parfois, on ne peut pas vivre sans les autres.	☐	☐

EXO 2 **1. Placez**, aux endroits indiqués, les mots de liaison à valeur de concession et d'opposition : *mais, évidemment, certes, toutefois, même si, il est vrai que, néanmoins.*

On te propose un emploi à l'étranger ? Accepte, bien sûr ! ...., ta décision va désorienter tes parents, inquiets à l'idée de te voir les quitter. ...., ils se réjouiront plus tard de ta réussite. .... il n'est pas facile de perdre ses habitudes et ses repères, ..., tu vas te créer rapidement un nouveau réseau d'amis. ...., tu vas devoir rechercher un appartement et t'investir dans un nouvel emploi, ... cette expérience te rendra autonome et te forgera une solide personnalité, ... tu rencontres des obstacles.

2. Soulignez les concessions et **commentez** leur emploi.

....

....

ÉCRIRE

Pensez-vous que les peuples lointains, à l'écart de la société de consommation, doivent s'adapter à la modernité, quitte à abandonner leurs traditions ?
Justifiez votre position dans un paragraphe argumenté en concédant deux arguments à la thèse opposée. **Variez** l'emploi des liens logiques.

Peuple bochiman du désert de Kalahari, en Namibie.

BLOC-NOTES

La concession et l'opposition dans une argumentation

› **Opposer**, c'est rapprocher deux arguments pour **souligner leurs différences**.
Karim apprécie les voyages organisés alors que Lou préfère partir à l'aventure.

› **Concéder**, c'est **admettre** un argument contraire à la thèse que l'on défend afin de :
– **nuancer** son propos en tenant compte de l'avis de son interlocuteur ;
– **paraître accepter** l'argument de son adversaire pour **mieux s'y opposer** par un contre-argument.

› La **concession**, introduite par un connecteur (*certes*, *bien sûr*, *il est vrai que*, *même si*...) est donc suivie, dans la même phrase ou dans la suivante, d'une **réfutation**, introduite par un **connecteur d'opposition** (*mais*, *cependant*, *toutefois*, *néanmoins*, *pourtant*, *or*, *il n'en demeure pas moins*...).
Certes, il possède une culture très éloignée de la mienne, mais je l'aime.

Se présenter en familles

EXPRESSION

DÉCOUVERTE Commenter diverses façons de photographier des « familles »

Pierre Ciot, *2013 portraits de famille*

A

B

C

D

Dans le cadre des événements « Marseille Provence 2013 » grâce auxquels Marseille a pris le titre de « Capitale européenne de la culture », une exposition photographique a été réalisée. Par le biais de 2013 portraits, le photographe a voulu présenter aux millions de visiteurs cette ville unique, européenne et méditerranéenne. Les participants ont choisi leur famille : traditionnelle, de cœur, d'amitié, professionnelle…

Les photographies, réunies dans un livre, sont visibles sur le site http://www.pierreciot.com/fr/galerie-2077-2013-portraits-de-famille.html.

En somme, chacun d'entre nous est dépositaire de deux héritages : l'un, « vertical », lui vient de ses ancêtres, des traditions de son peuple, de sa communauté religieuse ; l'autre, « horizontal », lui vient de son époque, de ses contemporains.

Amin Maalouf, *Les Identités meurtrières*, © Le Livre de Poche, 2001.

1. Dans le texte de Maalouf, **surlignez** différemment les composantes de nos deux héritages.

2. **Identifiez** les types de familles représentées sur les photographies.

- Familles horizontales : ....
- Familles verticales : ....

3. **Choisissez** une photographie. **Expliquez** ce que la famille a voulu exprimer en décrivant les moyens utilisés : accessoires éventuels, mise en scène, décor…

....

....

RÉDACTION Présenter les composantes de son identité

VOTRE SUJET

Présentez-vous au sein de vos différentes familles : votre « famille verticale » (la cellule familiale) et vos « familles horizontales » (un club sportif ? vos voisins ? vos amis d'enfance ? vos copains de vacances ? un fan-club ? votre classe ? etc.).

- Votre texte, à la 1re personne, comporte plusieurs paragraphes, titrés, correspondant à vos différentes familles.
- Vous décrivez les activités et les intérêts communs qui vous unissent aux membres de vos familles.
- Vous formulez les valeurs que vous partagez avec eux.
- Vous concluez sur ce que l'exercice vous a apporté. Vous pouvez illustrer votre texte avec une (ou des) photographie(s) !

Le point sur l'objet d'étude

BILAN

BILAN 1 Synthétiser ses connaissances

Les écrits de voyage

- Genres : ....
- Énonciation : ....
- Point de vue : ....
- Contenu : ....
- Visées : ....
- Exemples : ....

Les récits de filiation

- Genres : ....
- Énonciation : ....
- Point de vue : ....
- Contenu : ....
- Visées : ....
- Exemples : ....

Identité et diversité

La littérature contre le colonialisme

- Genres : ....
- Contenu : ....
- Procédés d'écriture : ....
- Visées : ....
- Exemples : ....

Les autres arts en lien avec la mémoire, le témoignage, l'engagement

- Nature des œuvres : ....
- Démarches : ....
- Visées : ....
- Exemples : ....

BILAN 2 Répondre aux interrogations du programme

A. En quoi l'autre est-il semblable et différent ?

- L'autre est différent car : il est le produit d'influences diverses, familiales, géographiques... (notre héritage vertical).
- Exemple(s) : Le Bihan et le narrateur de *Salam Ouessant* n'ont pas le même regard sur l'Algérie, leur pays d'origine.
- L'autre est notre semblable car : s'il garde sa singularité, il partage avec nous des valeurs universelles et il est digne de respect.
- Exemple(s) : les Indiens et les Occidentales s'apprécient malgré leurs différences (fiche 1) ; les écrivains et artistes anticoloniaux ont dénoncé l'oppression au nom de l'humanité des peuples colonisés, de l'égalité et de la justice.

B. Comment transmettre son histoire, son passé, sa culture ?

- Par le récit de filiation : ....
- Exemple(s) : ....
- Par d'autres moyens littéraires ou artistiques : ....
- Exemple(s) : ....

C. Doit-on renoncer aux spécificités de sa culture pour s'intégrer dans la société ?

- Non car, sans renier ses racines, on peut : ....
- Exemple(s) : ....
- Non, car ce qui nous réunit, au-delà de nos particularités, ce sont : ....
- Exemple(s) : ....

BILAN 3 Exprimer son opinion personnelle sur l'objet d'étude

Ce que vous avez appris (scolairement ou plus personnellement) : ....

Ce que vous avez aimé et moins aimé : ....

Ce que l'objet d'étude vous a donné envie de lire, de voir, d'écouter : ....

Découvrir des sujets de bac pro

COMPÉTENCES DE LECTURE

MÉTHODO 1 Caractériser un sujet de français en baccalauréat professionnel

Un exemple de sujet

Baccalauréat professionnel. Polynésie.
Session septembre 2012
Coefficient : 2,5 – Durée : 2 h 30

- **Objet d'étude :** Identité et diversité
- **Supports :**

– Texte 1. Frédérique Deghelt, *La Grand-mère de Jade* (2009)
– Texte 2. Sarah Bouyain*, entretien sur le site Internet www.africultures.com (2005)

- **Évaluation des compétences de lecture** *(10 points)*

Présentation du corpus
1. Présentez le corpus, en 3 à 6 lignes, en montrant son unité. *(3 points)*

Analyse et interprétation
2. Texte 1. Quelle situation la révélation du secret crée-t-elle au fur et à mesure entre Jade et sa grand-mère ? *(4 points)*
3. Texte 2. Quels procédés d'écriture traduisent l'importance pour l'auteur de la réflexion sur l'identité ? *(3 points)*

- **Évaluation des compétences d'écriture** *(10 points)*

Selon vous, est-il important d'avoir des relations avec ses grands-parents pour construire son identité ? Vous répondrez à cette question dans un développement argumenté d'une quarantaine de lignes en vous appuyant sur les textes du corpus, sur vos lectures de l'année et sur vos connaissances personnelles.

* Cette réalisatrice raconte ses liens avec sa grand-mère, métisse coloniale.

1. Encadrez l'objet d'étude, la durée de l'épreuve, le coefficient et chaque compétence évaluée.

2. Complétez le tableau après avoir lu tous les éléments du sujet.

Les supports soumis au candidat Nombre :	Nature des supports du corpus : .... Époque :	Genres littéraires : .... Thème commun aux différents supports : .... Lien avec l'objet d'étude : ....
Les compétences de lecture Nombre de parties : .... Barème :	Titre de la 1re partie : .... Supports concernés :	
	Titre de la 2de partie : .... Supports concernés :	
Les compétences d'écriture Barème :	Longueur : .... Écrit attendu :	Supports et références sur lesquels s'appuyer : ....

MÉTHODO 2 Comparer deux sujets sur un même objet d'étude

Un autre exemple de sujet

Baccalauréat professionnel. Métropole.
Session septembre 2013

Objet d'étude : Identité et diversité

Supports :
- Texte 1. Alejo Carpentier, *Le Partage des eaux* (1956)
- Texte 2. Jean-Christophe Rufin, *Rouge Brésil* (2001)
- Texte 3. Montaigne, *Essais*, « Des cannibales » (1595)

Évaluation des compétences de lecture *(10 points)*

Présentation du corpus

1. Présentez le corpus, en 3 à 6 lignes, en dégageant les points communs et les différences de points de vue. *(3 points)*

Analyse et interprétation

2. Textes 1 et 2. Quel regard le narrateur du texte 1 et Pay-Lo portent-ils sur les peuples qu'ils côtoient ? *(4 points)*

3. Texte 3. Comment Montaigne réussit-il à critiquer sa propre civilisation ? *(3 points)*

Évaluation des compétences d'écriture *(10 points)*

Selon vous, la confrontation à l'autre génère-t-elle davantage de difficultés lorsque ses mœurs et sa culture diffèrent profondément des nôtres, ou au contraire cette distance nous aide-t-elle à nous construire ?
Vous répondrez à cette question dans un développement argumenté d'une quarantaine de lignes en vous appuyant sur les textes du corpus, sur vos lectures de l'année et sur vos connaissances personnelles.

3. Surlignez ci-dessus les éléments communs aux deux sujets. **Notez** les différences.
- Corpus : ....
- Question 1 : ....
- Question 2 : ....

4. Reliez chaque question à sa définition.

Présentation du corpus ○	○ Démontrer et/ou réfuter une thèse à l'aide d'arguments.
Analyse et interprétation ○	○ Dégager une problématique. Lier et/ou distinguer des supports.
Réponse argumentée ○	○ Donner du sens en s'appuyant sur l'étude des supports.

Justifiez l'ordre : ....

....

5. Identifiez les thèmes traités dans chacun des deux sujets, en les classant dans les cadres ci-dessous.

a. La transmission
b. La différence
c. La critique de sa civilisation
d. La construction de son identité
e. La confrontation des cultures
f. Les relations familiales

SUJET 1 – Thèmes traités : ....

SUJET 2 – Thèmes traités : ....

POINT EXAM'

L'épreuve de français du bac pro

› L'épreuve de français au baccalauréat est **ponctuelle**. Elle dure 2 h 30 et a un coefficient 3.

› Le **support** de l'épreuve prend la forme d'un **corpus de textes et de documents** (trois maximum, texte ou image), lié à l'un des trois objets d'étude de l'année de terminale.

› Les **compétences de lecture** sont évaluées dans une première partie. Il est demandé au candidat de rédiger la **présentation du corpus**, puis d'**analyser** et d'**interpréter** des effets d'écriture.

› La seconde partie du sujet concerne les **compétences d'écriture** du candidat, qui répond de façon **argumentée**, en **40 lignes**, à une **question posée en lien avec le corpus**.

Caractériser des corpus d'examen

COMPÉTENCES DE LECTURE

MÉTHODO 1 Découvrir des corpus sur l'objet d'étude « Identité et diversité »

Corpus 1 (Polynésie, septembre 2012)

- **Texte 1.** Jean-Marie G. Le Clézio, *L'Africain* (2004)
- **Texte 2.** Jean-Marie G. Le Clézio, *L'Africain* (2004)
- **Texte 3.** Fatou Diome, *Le Ventre de l'Atlantique* (2003)

Corpus 2 (Métropole, juin 2013)

- **Texte 1.** Laurent Gaudé, *Le Soleil des Scorta* (2004)
- **Texte 2.** Jean-Jacques Goldman, « Là-bas », album *Entre gris clair et gris foncé* (1987)

Corpus 3 (Pondichéry, mai 2014)

- **Texte 1.** Laurent Gaudé, *Eldorado* (2006)
- **Texte 2.** Éric-Emmanuel Schmitt, *Ulysse from Bagdad* (2010)
- **Texte 3.** Amin Maalouf, *Léon l'Africain* (1986)

* Ces informations ne font pas partie du sujet et ne sont donc pas communiquées au candidat.

Description des supports*

Corpus 1 :
Textes 1 et 2 : autobiographie sur l'enfance de l'auteur au Nigeria, pendant la colonisation.
Texte 3 : extrait d'un roman sur l'immigration d'une Sénégalaise en France.

Corpus 2 :
Texte 1 : extrait d'un roman sur l'exil en Amérique d'une famille pauvre italienne.
Texte 2 : chanson sur le désir de s'expatrier d'un personnage dont le village natal n'a rien à offrir.

Corpus 3 :
Texte 1 : extrait de roman. Un Italien sur le point de s'exiler en Afrique exprime ses motivations.
Texte 2 : extrait de roman. Un Irakien qui fuit la guerre et s'exile en Europe explique son projet.
Texte 3 : autobiographie imaginaire d'un aventurier qui dresse le bilan de ses périples.

1. Complétez le tableau après avoir lu les sources des corpus ainsi que la description de leurs supports.

Corpus	Genre des supports	Thème des supports	Thème du corpus
1	....	....	....
2	....	....	....
3	....	....	....

2. Cochez les éléments communs aux trois corpus :

☐ l'époque de création ☐ le genre des supports ☐ l'indication des sources et leur présentation
☐ le nombre de supports ☐ le lien des supports avec l'objet d'étude « Identité et diversité »

MÉTHODO 2 Confronter des corpus

Corpus 1
- **Texte 1.** Interview d'un écrivain voyageur.
- **Texte 2.** Extrait d'un essai sur le tourisme.
- **Texte 3.** Extrait du carnet d'un explorateur.

Corpus 2
- **Texte 1.** Extrait d'un récit fantastique.
- **Document 2.** Tableau surréaliste.

Corpus 3
- **Texte 1.** Extrait d'une pièce de théâtre sur l'incommunicabilité et l'absurde.

Corpus 4
- **Texte 1.** Extrait d'un journal interne.
- **Texte 2.** Extrait d'un roman d'apprentissage.
- **Document 3.** Caricature sur « L'écriture de soi ».

Corpus 5
- **Texte 1.** Extrait d'un essai d'un auteur franco-libanais sur sa double culture.
- **Texte 2.** Extrait d'une autobiographie sur l'identité vietnamienne et française de l'auteur.

3. Identifiez les deux intrus parmi les corpus.

....

4. Complétez le tableau en étudiant uniquement les corpus renvoyant à « Identité et diversité ».

Corpus n°	Genre des supports	Thème
....	....	....
....	....	....
....	....	....

5. Identifiez, pour chaque sujet d'écriture, le corpus qui lui correspond.
- Dans la découverte de l'autre, quel intérêt les écrits sur soi présentent-ils ? → Corpus n° ....
- La double culture est-elle un handicap dans la construction de soi ? → Corpus n° ....
- Le tourisme a-t-il tué le voyage, ou l'aventure est-elle encore possible ? → Corpus n° ....

MÉTHODO 3 Construire un corpus

6. Composez vous-même un corpus en lien avec l'objet d'étude « Identité et diversité ».
Choisissez des supports étudiés dans les fiches Objet d'étude ou dans vos cours.

Doc. n°	Auteur et date de parution	Genre du support	Thème du support	Thème du corpus
Doc. 1	....	....	....	....
Doc. 2	....	....	....	

POINT EXAM'

Les caractéristiques d'un corpus d'examen

> Le **corpus de textes ou de documents** pour le bac pro (trois éléments au plus, dont éventuellement une image) comprend des supports **littéraires variés** dont les sources sont précisées.

> Il peut comporter **plusieurs extraits d'une même œuvre**.

> Les **supports** traitent d'un **même thème** et renvoient à l'objet d'étude cité. Leur analyse et leur interprétation **préparent à l'écrit argumentatif**.

Rédiger la présentation des corpus

MÉTHODO 1 Comparer des consignes de bac pro

Présentation du corpus

A. Présentez en 3 à 6 lignes l'ensemble du corpus en montrant son unité et sa diversité.
Sujet Pondichéry, mai 2014

B. Présentez le corpus en 3 à 6 lignes, en montrant les différences et les points communs que les trois textes présentent.
Sujet Métropole, septembre 2014

C. Présentez le corpus en 3 à 6 lignes en expliquant son unité malgré ses différences.
Sujet Métropole, juin 2014

D. Présentez le corpus, en 3 à 6 lignes, en montrant en quoi les textes se ressemblent et s'opposent.
Sujet Pondichéry, mai 2013

1. Surlignez avec quatre couleurs différentes les quatre éléments communs à tous les sujets.

2. Décomposez la consigne A et **complétez** les cases.

Présentez en 3 à 6 lignes l'ensemble du corpus en montrant son unité et sa diversité.

Les verbes de consigne :
- ....
- ....

La longueur de la réponse :
....
....

Le contenu de la réponse :
- ....
- ....

MÉTHODO 2 Analyser la rédaction d'une réponse

Un exemple de réponse pour la consigne D

Le corpus se compose d'un extrait de *L'Ignorance* de Milan Kundera et d'un extrait de *Lettres parisiennes, histoires d'exil* de Nancy Huston.

Ces textes diffèrent par leur genre : l'un est un roman, l'autre une correspondance épistolaire.

Toutefois, ils sont proches dans le temps (1986 et 2000) et ont un thème commun : les sentiments opposés que peut éprouver pour son pays natal une personne ayant émigré.

Paragraphe 1 ....
....

Paragraphe 2 ....
....

Paragraphe 3 ....
....

3. Indiquez le contenu de chaque paragraphe.

4. Cochez le type de points communs et de différences relevés.

Points communs		Différences	
☐ Le genre des supports	☐ Le thème	☐ Le genre des supports	☐ Le thème
☐ L'époque de production	☐ La visée	☐ L'époque de production	☐ La visée

MÉTHODO 3 Évaluer et améliorer la rédaction d'une réponse

Un autre exemple de réponse pour la consigne D (voir au recto)

Les deux textes parlent de l'identité et de la diversité et ils datent de la même époque.
L'un est un roman et l'autre une correspondance. J'ai bien aimé le premier texte.

5. Complétez la grille d'évaluation et **rédigez** des conseils d'amélioration.

Critères	Oui/Non	Conseils
• Respect de la longueur attendue.	....	....
• Citation des sources des supports.	....	....
• Mots ou expressions introducteurs.	....	....
• Points communs et différences.	....	....
• Hors-sujet.	....	....

MÉTHODO 4 Rédiger la présentation d'un corpus

Question

Présentez le corpus en 3 à 6 lignes, en montrant les différences et les points communs entre les documents.

6. Choisissez un corpus que vous avez étudié, puis **rédigez** la réponse à la question. **Utilisez** la grille ci-dessus pour évaluer votre rédaction.

Paragraphe 1 Relevé des sources du corpus	Le corpus est constitué de : ....
Paragraphe 2 Présentation des différences	Ces documents présentent des différences : ....
Paragraphe 3 Présentation des points communs	Cependant, des points communs les unissent : ....

POINT EXAM'

La question de présentation du corpus

› La **première compétence de lecture** porte sur la **présentation du corpus**.

› La consigne demande **toujours**, en **3 à 6 lignes**, de faire apparaître les **points communs** et/ou les **différences** entre les éléments du corpus.

› La **réponse** peut être construite en **trois paragraphes** :
- citation des sources des documents,
- énoncé des différences,
- relevé des points communs.

› Ces points de comparaison peuvent porter sur les **auteurs**, le **genre** des supports, leur **type d'écrit**, leur **époque**, leur **thème**, leur **visée**...

Différencier les formes d'argumentation

COMPÉTENCES D'ÉCRITURE

MÉTHODO 1 Distinguer les formes d'argumentation au programme

Selon les ressources officielles, la pratique de l'écriture argumentative en bac pro se décline sous trois formes : démonstration d'une thèse, réfutation d'une thèse, délibération.

Site Éduscol, *Ressources pour le bac pro*, fiche « Écrire ».

1. **Reliez** chaque forme d'argumentation à sa visée.

Démonstration ○		○ Prouver la fausseté d'une thèse.
Réfutation ○		○ Confronter des avis différents, puis formuler la thèse défendue.
Délibération ○		○ Prouver le bien-fondé d'une thèse.

MÉTHODO 2 Reconnaître la forme d'argumentation demandée

- **Sujet 1 :** Avec quels arguments peut-on s'opposer à l'idée que vivre avec sa famille d'origine est indispensable pour être heureux ?
- **Sujet 2 :** En quoi peut-on affirmer qu'une famille adoptive peut remplacer des parents absents ?
- **Sujet 3 :** Selon vous, le sentiment d'appartenir à une famille peut-il être atteint avec des parents adoptifs, ou bien est-il nécessaire de vivre avec sa famille biologique ?

2. **Complétez** le tableau.

Sujet	Forme d'argumentation demandée	Mots ou expressions permettant de reconnaître la forme d'argumentation demandée
1	....	....
2	....	....
3	....	....

3. Dans les sujets de démonstration et de réfutation, **encadrez** le thème et **surlignez** la thèse.

4. Dans le sujet de délibération, **encadrez** le thème, **surlignez** différemment les deux avis à confronter, puis **soulignez** l'expression qui vous invite à donner votre propre opinion.

5. **Notez** le nombre de parties que doit comporter une délibération.
Une délibération comporte toujours .... parties.

MÉTHODO 3 Construire le plan d'une démonstration

6. **Complétez** le plan correspondant au sujet de démonstration présenté au recto de la fiche.

Sujet 2

Reformulation de la question soulevée dans la démonstration

....

Thèse à défendre

....

Argument 1	***Argument 2***	***Argument 3***
Tout d'abord, ...	Ensuite, ...	Enfin, ...

MÉTHODO 4 Construire le plan d'une délibération

7. **Complétez** le schéma qui rend compte de la démarche d'une délibération.

Sujet 3

Reformulation de la question soulevée dans la délibération

....

Avis 1	***Avis 2***	***Opinion personnelle justifiée***
Certains pensent que .... car	D'autres affirment que .... car	Personnellement, je considère que .... car ....

POINT EXAM'

Les formes d'argumentation

- Les sujets d'argumentation posent une **question** sur un **thème** qui fait **débat**.
- Dans une **démonstration**, on **défend une thèse** que l'on justifie à l'aide d'**arguments** (➔ fiches 13 et 14).
- Dans une **réfutation**, on s'**oppose à une thèse** à l'aide également d'un **argumentaire** convaincant (➔ fiches 26 et 27).
- Dans une **délibération**, on **confronte** des **avis différents** sur la question posée, puis on justifie la **thèse personnelle** que l'on défend (➔ fiches 28 et 29).

Diversifier les arguments et leurs exemples

COMPÉTENCES D'ÉCRITURE

MÉTHODO 1 Caractériser les arguments et leurs exemples dans une argumentation

Un exemple de sujet d'examen

Le corpus

Texte 1. Jean-Marie G. Le Clézio, *L'Africain* (autobiographie, conflit entre l'auteur et son père).

Texte 2. Romain Gary, *La Promesse de l'aube* (autobiographie, amour maternel trop exclusif).

Document 3. Gustav Klimt, *Mère à l'enfant* (tableau, une femme enlace tendrement son enfant).

La consigne d'écriture

Selon vous, la famille est-elle toujours le cadre idéal pour l'épanouissement d'une personne ? Vous répondrez à cette question dans un développement argumenté en vous appuyant sur le corpus ainsi que sur vos lectures, vos connaissances et vos expériences personnelles.

Le développement argumenté

Certes la famille peut représenter un refuge contre les difficultés de la vie. Cette idée est parfaitement symbolisée par le tableau de Gustav Klimt, *Mère à l'enfant*. ← Thèse réfutée

Cependant, la famille peut être aussi une sorte de prison. En effet, les relations avec les pères sont parfois très conflictuelles car ils établissent un rapport de force avec leurs enfants qui se sentent ainsi dominés et dévalorisés. C'est, pour exemple, ce que raconte Jean-Marie G. Le Clézio dans son récit autobiographique : *L'Africain*. L'extrait du corpus dénonce explicitement l'autoritarisme paternel. ← Thèse soutenue

À l'opposé, une trop grande passion maternelle est également destructrice. Romain Gary dans *La Promesse de l'aube* montre combien l'amour trop envahissant et exclusif d'une mère pour son fils peut être insupportable. Ce sentiment a du reste été souvent analysé par le psychanalyste Sigmund Freud qui le qualifiait de castrateur car il interdisait ultérieurement toute relation sentimentale équilibrée entre un homme et une femme. La vie de Romain Gary en a témoigné.

Plus personnellement, mon meilleur ami a été contraint de vivre dans un foyer car il rejetait et condamnait les relations de violence entre ses parents.

1. Surlignez différemment les arguments et les exemples, puis **complétez** le tableau en qualifiant leur nature. **Reportez-vous** au Point Exam' et à la consigne d'écriture.

	Nature des arguments	Nature des exemples
§ 1		• Exemple 1 tiré : ....
§ 2	• Argument 1 :	• Exemple 2 tiré : ....
§ 3	• Argument 2 : .... • Argument 3 :	• Exemple 3 tiré : .... • Exemple 4 tiré : ....
§ 4	• Argument 4 :	• Exemple 5 tiré : ....

MÉTHODO 2 Construire et rédiger un argumentaire illustré d'exemples

Un autre exemple de consigne d'écriture

Le corpus
Les supports de la fiche 1 *(p. 5-6)*.

La consigne d'écriture
Selon vous, en quoi les récits de voyageurs sont-ils aussi enrichissants pour leurs lecteurs ?
Vous répondrez à cette question dans un développement argumenté en vous appuyant sur le corpus ainsi que sur vos lectures et vos expériences personnelles.

2. Cochez la démarche d'argumentation suggérée par l'énoncé du sujet (➔ fiche 11).
☐ Une démonstration.
☐ Une réfutation.
☐ Une délibération.

3. Lisez les supports du corpus (*p.* 5-6) et **complétez** le plan de votre développement argumenté. **Aidez-vous** du Point Exam'.

	Vos arguments	Vos exemples
§ 1	• Un argument explicatif *En effet...*	Exemple tiré du corpus (citez les sources) *En témoigne...* ....
§ 2	• Un argument de valeur *De plus...*	• Exemple tiré de vos connaissances (livre, film...) *Pour exemple...* ....
§ 3	• Un argument de circonstance fondé sur un exemple tiré d'une expérience personnelle *Enfin,*	

4. Rédigez votre développement argumenté sur une feuille indépendante.

POINT EXAM'

Les arguments

› Un **argument** est une « **idée-preuve** » qui justifie la thèse réfutée ou soutenue. On distingue :
– l'argument d'**autorité** qui s'appuie sur les compétences d'une personnalité, sur des données incontestables ;
– l'argument **explicatif** qui justifie par la cause et/ou la conséquence le bien-fondé de la thèse ;
– l'argument **par comparaison** qui établit un lien avec l'argument qui précède ;
– l'argument **de valeur** qui s'appuie sur des principes moraux comme la justice, la tolérance, etc. ;
– l'argument **de circonstance** qui fait référence à une situation vécue. Il se confond alors avec l'exemple.

Les exemples

› L'**exemple** est l'**illustration** d'un argument. On distingue :
– l'exemple tiré du **corpus** ;
– l'exemple de **connaissances** scolaires ou personnelles (livres, films, spectacles...) ;
– l'exemple tiré d'une **expérience vécue** (voir l'argument de circonstance).

› L'exemple peut être **enrichi** d'une **citation** (entre guillemets), d'un court **récit**, d'une **description**, etc.

Analyser la démonstration d'une thèse

COMPÉTENCES D'ÉCRITURE

MÉTHODO 1 Comprendre la consigne d'écriture

Compétences d'écriture (Nouvelle-Calédonie, septembre 2012)

Selon vous, pourquoi est-il important d'avoir des liens avec ses grands-parents pour construire son identité ?
Vous répondrez à cette question dans un développement argumenté d'une quarantaine de lignes, en vous appuyant sur le corpus, sur vos lectures de l'année et sur vos connaissances personnelles.

1. Complétez le tableau.

Thème du devoir	....
Thèse soutenue	....
Argumentaire	....

MÉTHODO 2 Observer l'introduction et la conclusion

Introduction

La construction de l'identité d'un individu est liée à des appartenances et des influences diverses : ses origines géographiques et sociales, ses amis, ses connaissances, sa famille… Parmi ces différents apports, l'héritage familial est déterminant. Pourquoi est-il donc important d'avoir des liens avec ses grands-parents pour se construire ?

2. Reliez chaque phrase à sa fonction.

1re phrase ○ ○ Elle pose la question à laquelle doit répondre l'argumentation.
2e phrase ○ ○ Elle annonce la thèse que l'on va défendre.
3e phrase ○ ○ Elle présente le thème général du devoir.

3. Précisez si le candidat :

- s'exprime : ☐ à la 1re personne ☐ à la 2e personne ☐ à la 3e personne
- argumente, répond à la question : ☐ oui ☐ non

Conclusion

Les liens avec ses grands-parents sont donc importants. Ces relations intergénérationnelles donnent confiance et aident à grandir, favorisent l'envie de réussir et rendent possible la transmission de l'héritage familial, essentiel dans la formation de l'identité d'un être. Toutefois, celui-ci se construit aussi en pensant par lui-même et grâce à tous ceux qui l'entourent.

4. Surlignez le lien logique de conclusion.
Soulignez les arguments développés dans le devoir.

5. Précisez si le candidat :

- développe un dernier argument :
  ☐ oui ☐ non
- reformule la question à traiter et donne une réponse :
  ☐ oui ☐ non

6. Justifiez l'intérêt de la dernière phrase.

....

MÉTHODO 3 Analyser le développement de la démonstration

Tout d'abord, les grands-parents font preuve d'une bienveillance qui donne confiance et aide à grandir. En effet, moins exigeants que les parents et sans le souci de l'éducation, ils offrent affection et écoute. Ainsi, ils dédramatisent les conflits avec les parents ou la fratrie. Lors de confidences, ils lèguent des qualités humaines et des valeurs, comme le fait la grand-mère de Jade, le personnage du roman de Frédérique Deghelt, l'un des textes du corpus étudié.

De plus, avoir des liens avec ses grands-parents favorise l'envie de réussir et structure le jeune dans son apprentissage de la vie. En effet, les petits-enfants, accompagnés dans leurs jeux et leurs découvertes par leurs grands-parents, apprennent à surmonter les difficultés : celles liées par exemple à la confection d'un plat ou à l'envol d'un hélicoptère radiocommandé, comme je l'ai vécu.

Enfin, l'héritage familial, qui est le fondement de l'identité d'un individu, est transmis par les grands-parents. Dépositaires de l'histoire et de la culture de la famille, ils font vivre les traditions, la langue, les filiations et les réseaux. Parfois, ce récit des origines est embelli et idéalisé par les petits-enfants, comme c'est le cas pour Sofia et Zola, personnages du roman d'Azouz Begag *Salam Ouessant*.

7. Encadrez les connecteurs logiques d'énumération, d'explication et de justification et **surlignez** différemment les arguments et les exemples.

8. Complétez le schéma de synthèse sur les éléments composant un développement argumenté.

Argumentation
- Les .... prouvent le bien-fondé de la thèse.
- Les .... illustrent les arguments.

Organisation de la démonstration
- Les .... enchaînent les arguments et structurent le développement en trois paragraphes.
Exemples : ....
- Les .... introduisent une explication, un exemple, une preuve.
Exemples : ....

Lectures et expériences
- Documents du corpus : ....
....
- Une lecture de l'année : ....
....
- Expériences personnelles : ....
....

POINT EXAM'

La démonstration d'une thèse

› La **démonstration**, l'une des trois démarches d'argumentation, vise à **prouver le bien-fondé d'une thèse** par une suite d'**arguments** et des **exemples**.

› Elle s'organise autour d'**arguments rationnels présentés logiquement** et d'**exemples pertinents**.

› Pour convaincre, l'auteur d'une démonstration privilégie l'**énonciation à la 3e personne** et un lexique plutôt abstrait. Il évite les interpellations du lecteur et l'expression d'opinions non justifiées.

› Le rédacteur tient son sujet à distance. Son **expression** est **neutre et sobre**.

Rédiger la démonstration d'une thèse

COMPÉTENCES D'ÉCRITURE

MÉTHODO 1 Mettre en relation le corpus et la consigne d'écriture

A. Un article de presse

Les identités fixes deviennent préjudiciables à la sensibilité de l'homme contemporain engagé dans un monde-chaos et vivant dans des sociétés créolisées[1]. [...] C'est difficile à admettre, cela nous remplit de craintes de remettre en cause l'unité de notre identité, le noyau dur et sans faille de notre personne, une identité refermée sur elle-même, craignant l'étrangeté, associée à une langue, une nation, une religion, parfois une ethnie, une race, une tribu, un clan, une entité bien définie à laquelle on s'identifie. Mais nous devons changer notre point de vue sur les identités, comme sur notre relation à l'autre. Nous devons construire une personnalité instable, mouvante, créatrice, fragile, au carrefour de soi et des autres. Une identité-relation.

Édouard Glissant, Le Monde.fr, février 2011.

1. Dans lesquelles le métissage d'arts et de langages est facteur de création, de nouveauté, d'inattendu.

B. Une affiche

Affiche du CLAE, mars 2014.

Compétences d'écriture

Selon vous, pourquoi peut-on rester fidèle aux spécificités de sa culture tout en s'ouvrant aux autres ?
Vous répondrez à cette question dans un développement argumenté d'une quarantaine de lignes, en vous appuyant sur le corpus, sur vos lectures de l'année et sur vos connaissances personnelles.

1. **Expliquez** la thèse soutenue dans le texte.

....

....

2. **Montrez** que l'affiche soutient la même thèse.

....

....

3. **Reformulez** la thèse à prouver dans la démonstration. Est-elle soutenue dans le corpus ?

....

....

MÉTHODO 2 Préparer et rédiger une démonstration

4. **Citez** les exemples que vous exploiterez dans votre rédaction.

- Connaissances (roman, film, etc.) : ....
- Expériences personnelles : ....

5. **Complétez** le plan de votre rédaction en notant les idées que vous allez développer.

L'introduction (➔ Méthodo 2 de la fiche 13)	
Présentation du thème et énoncé de la question du sujet d'argumentation	
Le développement (➔ Méthodo 3 de la fiche 13)	
§ 1	Connecteur d'énumération + argument 1 + exemple(s) ....
§ 2	Connecteur d'énumération + argument 2 + exemple(s) ....
§ 3	Connecteur d'énumération + argument 3 + exemple(s) ....
La conclusion (➔ Méthodo 2 de la fiche 13)	
Connecteur de conclusion + réponse à la question posée + synthèse de l'argumentation	

6. Sur une feuille indépendante, **transformez** votre prise de notes en un texte d'une quarantaine de lignes. **Soyez attentif(ve)** aux critères et barème d'évaluation présentés ci-dessous.

POINT EXAM'

Les critères et barème d'évaluation d'une démonstration

ARGUMENTATION : 4 POINTS

☐ La présentation du thème et la question posée sont explicitement formulées.

☐ Les arguments démontrent la thèse avec pertinence et les exemples sont variés.

ORGANISATION : 3 POINTS

☐ La mise en paragraphes du devoir correspond à la progression de l'argumentation.

☐ Les idées s'enchaînent logiquement grâce à l'emploi de connecteurs.

EXPRESSION : 3 POINTS

☐ L'énonciation à la 3e personne est privilégiée.

☐ Les phrases sont bien construites, le vocabulaire est précis et l'orthographe correcte.

Sujet de bac pro guidé

Ma démarche pour découvrir le corpus

- **J'entoure** les sources des supports.
- **Je souligne** dans les introductions les mots-clés.
- **Je surligne** dans les textes les passages utiles à leur compréhension.
- **Je rédige** dans « Mes notes de première lecture » de brefs commentaires sur le genre d'écrit ou d'image, son thème, les intentions de l'auteur, les effets produits ainsi que les liens entre les éléments du corpus.

TEXTE 1

Tahar Ben Jelloun, écrivain d'origine marocaine, a écrit des œuvres de genres littéraires différents : des essais, des romans et des recueils de poèmes.

Pour un passeport

Les poings dans le ventre tu feras tous les couloirs et tu nommeras toutes les portes tu refermeras des nuits sur ton regard pour repartir matin soir ouvrir d'autres tombes sous le soleil qui ricane les portes sont en ciment armé en fer toutes les douleurs tu viendras t'écraser contre et tu ramasseras un peu de ton sang dans un gobelet ordinaire.

Tu vends les deux oliviers la natte l'héritage la parole et le retour et tu dors entre le rêve et l'illusion. L'attente.

Un peu de sable dans les yeux et des voitures te traversent le corps tu te relèves et cherches un peu de chaleur dans les cimetières tu n'as plus qu'à pousser tes dents à tailler tes mains.

Tu circules.

L'arrière-cousin a encore écrit. De tes nouvelles sur les cimes. Il fait un peu froid. Il neige toute la saison.

Reviens voir le sosie du cyclope[1]. Il y a une rature. Et les photos. Pas assez.

Tu sais même pas signer. Quel bougre. Barbare. Sauvage. À peine homme.

J'ai tout noué dans ce mouchoir. Les papiers et le reste. Vous pouvez les compter. J'aurais pu mettre aussi un couteau ou un hertz[2]. Quelques graines et une torche.

Te manque encore des papiers.

Pose le pouce droit là. Il faut laisser tes empreintes digitales.

Tahar Ben Jelloun, *Les Amandiers sont morts de leurs blessures*, © Librairie François Maspero, Éditions La Découverte, 1976.

1. Créature fantastique de la mythologie grecque avec un seul œil sur le front.
2. Unité de mesure : nombre d'apparitions d'un phénomène en une seconde.

> Mes notes de première lecture

....

....

....

....

....

....

....

TEXTE 2

Amin Maalouf est un écrivain libanais, auteur de romans et d'essais. Il est installé à Paris depuis 1976.

Avant de devenir un immigré, on est un émigré ; avant d'arriver dans un pays, on a dû en quitter un autre, et les sentiments d'une personne envers la terre qu'elle a quittée ne sont jamais simples. Si l'on est parti, c'est qu'il y a des choses que l'on a rejetées – la répression, l'insécurité, la pauvreté, l'absence d'horizon. Mais il est fréquent que ce rejet s'accompagne d'un sentiment de culpabilité. Il y a des proches que l'on s'en veut d'avoir abandonnés, une maison où l'on a grandi, tant et tant de souvenirs agréables. Il y a aussi des attaches qui persistent, celles de la langue ou de la religion, et aussi la musique, les compagnons d'exil, les fêtes, la cuisine.

Parallèlement, les sentiments qu'on éprouve envers le pays d'accueil ne sont pas moins ambigus. Si l'on y est venu, c'est parce qu'on y espère une vie meilleure pour soi-même et pour les siens ; mais cette attente se double d'une appréhension face à l'inconnu – d'autant qu'on se trouve dans un rapport de forces défavorable ; on redoute d'être rejeté, humilié, on est à l'affût de toute attitude dénotant le mépris, l'ironie, ou la pitié.

Amin Maalouf, *Les Identités meurtrières*, © Éditions Grasset et Fasquelle, 1998.

> Mes notes de première lecture

DOCUMENT 3

Shaun Tan, de père chinois, est un auteur australien de bandes dessinées. La planche ci-dessous, composée de vignettes sans paroles, comme dans tout l'ouvrage, est située au début de l'histoire.

Shaun Tan, *Là où vont nos pères*, © Éditions Dargaud, 2015.

> Mes notes de première lecture

Ma démarche pour préparer les questions de lecture

> **Je souligne** dans les consignes les mots importants.
> **Je repère** les éventuelles sous-questions.
> **Je relis** mes notes de première lecture.
> **J'écris** sous chaque question des éléments de réponse.
> **Je recopie** au propre mes réponses bien rédigées.

COMPÉTENCES DE LECTURE
10 POINTS

Présentation du corpus

1. **Présentez**, en 3 à 6 lignes, ce qui unit et différencie les éléments du corpus. **2 POINTS**
   - Points communs : ....
   - Différences : ....

Analyse et interprétation

2. TEXTE 1. Dans le texte de Tahar Ben Jelloun, deux voix s'expriment. Qui représentent-elles ? À qui s'adressent-elles ? Dans quels buts ? **3 POINTS**
   - Voix 1 : ....
   - Voix 2 : ....

3. TEXTE 2. **Identifiez** et **expliquez**, selon Amin Maalouf, les sentiments contradictoires qu'éprouve l'émigré face à sa terre natale et à son pays d'accueil lorsqu'il part. **3 POINTS**
   - Face à sa terre natale : ....
   - Face au pays d'accueil : ....

4. TEXTES 1 ET 2, DOCUMENT 3. En quoi l'image pourrait-elle illustrer les deux textes ? **2 POINTS**

....

Ma démarche pour préparer la consigne d'écriture

- **Je souligne** dans le sujet les mots importants.
- **Je cherche** des éléments du corpus pour enrichir mes arguments et exemples.
- **J'identifie** ma démarche d'argumentation : démonstration, réfutation ou délibération (voir fiche 11).
- **Je complète** le plan du devoir à l'aide du schéma.
- **Je transforme** ma prise de notes en un texte correctement rédigé.

COMPÉTENCES D'ÉCRITURE
10 POINTS

Selon vous, le fait de quitter ses attaches familiales et géographiques est-il toujours vécu de manière douloureuse ?
Dans un développement argumenté d'une quarantaine de lignes, **répondez** à la question posée en vous appuyant sur le corpus étudié ainsi que sur vos lectures et expériences personnelles.

INTRODUCTION

La question posée : ....

....

....

Votre thèse : ....

....

....

....

DÉVELOPPEMENT

§ 1. Argument 1 : En effet, ...	→ Exemple 1 : ....
§ 2. Argument 2 : De plus, ...	→ Exemple 2 : ....
§ 3. Argument 3 : Enfin, ...	→ Exemple 3 : ....

CONCLUSION

Reformulation de la question posée et de la thèse soutenue : ....
C'est pourquoi je ....

....

....

....

....

....

....

Sujet de bac pro

TEXTE 1

En novembre 1838, l'écrivaine George Sand s'embarque avec ses deux enfants et le musicien Frédéric Chopin pour l'île de Majorque. Elle raconte ce voyage dans un récit autobiographique publié trois ans plus tard.

Je dirai donc sans façon à mon lecteur pourquoi j'allai dans cette galère[1], et le voici en deux mots : c'est que j'avais envie de voyager.

– Et, à mon tour, je ferai une question à mon lecteur : « Lorsque vous voyagez, cher lecteur, pourquoi voyagez-vous ? » Je vous entends d'ici me répondre ce que je répondrais à votre place : « Je voyage pour voyager. – Je sais bien que le voyage est un plaisir par lui-même ; mais enfin, qui vous pousse à ce plaisir dispendieux[2], fatigant, périlleux parfois et toujours semé de déceptions sans nombre ? – Le besoin de voyager. – Eh bien ! dites-moi donc ce que c'est que ce besoin-là, pourquoi nous en sommes tous plus ou moins obsédés, et pourquoi nous y cédons tous, même après avoir reconnu maintes et maintes fois que lui-même monte en croupe[3] derrière nous pour ne nous point lâcher et ne se contenter de rien. »

Si vous ne voulez pas me répondre, moi, j'aurai la franchise de le faire à votre place. C'est que nous ne sommes réellement bien nulle part en ce temps-ci, et que de toutes les faces que prend l'idéal (ou si ce mot vous ennuie, le sentiment du *mieux*), le voyage est une des plus souriantes et des plus trompeuses.

Il me semble, en un mot, que le but normal des voyages est le besoin de contact, de relation et d'échange sympathique avec les hommes, et qu'il ne devrait pas y avoir plaisir là où il n'y aurait pas devoir. Et il me semble qu'au contraire, la plupart d'entre nous, aujourd'hui, voyagent en vue du mystère, de l'isolement, et par une sorte d'ombrage que la société de nos semblables porte à nos impressions personnelles, soit douces, soit pénibles.

Quant à moi, je me mis en route pour satisfaire un besoin de repos que j'éprouvais à cette époque-là particulièrement. Comme le temps manque pour toutes choses dans ce monde que nous nous sommes fait, je m'imaginai encore une fois qu'en cherchant bien, je trouverais quelque retraite silencieuse, isolée, où je n'aurais ni billets à écrire, ni journaux à parcourir, ni visites à recevoir ; où je pourrais ne jamais quitter ma robe de chambre, où les jours auraient douze heures, où je pourrais m'affranchir de tous les devoirs du savoir-vivre, me détacher du mouvement d'esprit qui nous travaille tous en France, et consacrer un ou deux ans à étudier un peu l'histoire et à apprendre ma langue par principe avec mes enfants. Quel est celui de nous qui n'a pas fait ce rêve égoïste de planter là un beau matin ses affaires, ses habitudes, ses connaissances et jusqu'à ses amis, pour aller dans quelque île enchantée vivre sans soucis, sans tracasseries, sans obligations, et surtout sans journaux ?

George Sand, *Un hiver à Majorque*, 1842.

1. Sorte de bateau.
2. Qui coûte cher.
3. Image poétique. À l'époque, on voyageait aussi à cheval.

TEXTE 2

De tout temps et en tout lieu, les Terriens ont voyagé. Mais ils n'étaient pas « touristes » pour autant. Étrangers ? Quelquefois. [...] Parmi ces voyageurs non touristes nous trouvons le pèlerin, l'étudiant en quête d'initiation, l'artiste, le marchand, le mercenaire et puis le chemineau, celui qui va par les routes et les chemins tracer les lignes d'errance de son séjour terrestre. Celui-là est partout chez lui. Son domicile n'est pas plus fixe qu'il n'est connu, et pourtant il *habite* le monde. Le touriste n'est pas non plus l'exilé, le migrant, le rentier, le fugueur ou encore le vacancier. Le vacancier se met en *vacance*. C'est-à-dire qu'il devient disponible pour rien. Le touriste n'est pas vacant, il doit impérativement « touristiquer ». C'est cela la finalité du tourisme. [...]

Le voyageur s'arrange pour être « avec » et « parmi » les populations rencontrées. Le touriste, lui, est incapable d'une telle unité. Le voyageur pratique encore la flânerie, cette « gastronomie de l'œil » qui enchantait Balzac. Nous vivons à plusieurs temps ; des désirs opposés nous écartèlent ; et le voyageur que nous rêvons d'être rivalise avec le touriste que nous sommes plus souvent que prévu ! Le premier prend le temps, déguste la durée, le repos, l'attente, alors que le second s'interdit le frivole, le fugace, la halte. Il craint l'aventure, mais espère la performance, d'où le développement sans précédent du tourisme de l'extrême, les ascensions des massifs montagneux les plus élevés, les expéditions polaires, les traversées des déserts, bref, tout ce qui est excessif.

Thierry Paquot, « La tyrannie douce de l'air conditionné »,
in *Le Monde diplomatique*, juillet 2001.

DOCUMENT 3

Giorgio De Chirico, *Le Retour d'Ulysse*, 1968. Rome, Fondation Giorgio et Isa De Chirico.

COMPÉTENCES DE LECTURE
10 POINTS

Présentation du corpus

1. **Expliquez**, en 3 à 6 lignes, les points communs et les différences entre les éléments du corpus. **2 POINTS**

....

....

....

....

....

....

....

....

....

Analyse et interprétation

2. TEXTE 1. **Montrez** comment et dans quel but George Sand sollicite l'attention de son lecteur. **2 POINTS**

....

....

....

....

....

....

3. TEXTE 2. **Formulez** les différences de comportement et de valeurs entre un voyageur et un touriste selon le journaliste. Vers quel genre de voyageur vont ses préférences ? **3 POINTS**

....

....

....

....

....

....

4. TEXTES 1 et 2, DOCUMENT 3. **Montrez** en quoi le voyageur du tableau de Giorgio De Chirico s'oppose à ceux décrits dans les deux textes. **Appuyez-vous** sur certains éléments dénotés de la toile et les connotations qu'elle suggère. **3 POINTS**

....

....

....

....

....

....

COMPÉTENCES D'ÉCRITURE
10 POINTS

Selon vous, pour réussir sa vie, vaut-il mieux rester chez soi, dans un environnement connu, ou courir le monde ?
Dans un développement argumenté d'une quarantaine de lignes, **répondez** à la question posée.
Appuyez-vous sur le corpus étudié ainsi que sur vos lectures et expériences personnelles.

GRILLE D'ÉVALUATION

Compétences de lecture

Question 1

2 POINTS

- Tous les éléments du corpus ont été pris en compte. ☐ OUI ☐ NON
- Les points communs et les différences sont identifiés et expliqués. ☐ OUI ☐ NON
- La présentation n'excède pas six lignes environ. ☐ OUI ☐ NON

Donc ce qui unit et différencie les éléments du corpus a bien été compris.

Question 2

2 POINTS

- Le procédé d'écriture utilisé par George Sand est identifié. ☐ OUI ☐ NON
- L'intention de l'écrivaine est explicitée. ☐ OUI ☐ NON

Donc l'effet d'écriture utilisé est bien nommé, analysé et interprété.

Question 3

3 POINTS

- Le comportement et les valeurs d'un voyageur sont reformulés. ☐ OUI ☐ NON
- L'opposition avec le comportement et les valeurs d'un touriste est traitée. ☐ OUI ☐ NON
- Le genre du voyageur privilégié par le journaliste est identifié. ☐ OUI ☐ NON

Donc l'article est bien analysé et interprété.

Question 4

3 POINTS

- La présentation du voyageur de Giorgio De Chirico s'oppose à celles des deux textes. ☐ OUI ☐ NON
- Des éléments dénotés du tableau sont cités. ☐ OUI ☐ NON
- Des connotations sont exprimées. ☐ OUI ☐ NON

Donc le tableau est bien analysé, interprété et mis en relation avec les textes.

NOTE : ... / 10

Compétences d'écriture

Invention

4 POINTS

- Les avis en délibération sont explicitement formulés. ☐ OUI ☐ NON
- La thèse soutenue personnellement est explicite. ☐ OUI ☐ NON
- Les arguments sont en nombre suffisant (au moins 3) et convaincants. ☐ OUI ☐ NON
- Les exemples sont variés et en cohérence avec les arguments. ☐ OUI ☐ NON

Donc l'argumentation est riche et convainc.

Organisation

3 POINTS

- La mise en page du devoir correspond à une délibération. ☐ OUI ☐ NON
- Des connecteurs logiques enchaînent les arguments et les exemples. ☐ OUI ☐ NON
- Les exemples sont bien insérés dans le développement. ☐ OUI ☐ NON

Donc l'argumentation est bien construite et le raisonnement rigoureux.

Expression

3 POINTS

- La construction des phrases et la ponctuation sont correctes. ☐ OUI ☐ NON
- Les accords grammaticaux sont respectés. ☐ OUI ☐ NON
- Les verbes sont bien conjugués. ☐ OUI ☐ NON
- Le vocabulaire est précis et adapté à la situation de communication. ☐ OUI ☐ NON

Donc l'argumentation se lit aisément.

NOTE : ... / 10

NOTE GLOBALE : ... / 20

Parcours d'une artiste : Niki de Saint Phalle

ÉTAPE 1 Identifier l'expression de la révolte et du doute

Niki de Saint Phalle (1930-2002) est une peintre, réalisatrice et sculptrice. Elle inspire différents courants artistiques – art brut, surréalisme, nouveaux réalistes. Vers 1960, elle invente « l'art à la carabine ». Jugée scandaleuse, cette peinture lui permet d'exorciser ses démons (inceste de son père, mère dévorante, suicide de sa sœur…) et d'interroger son rapport au monde et à l'art. Une lettre à son ami, Pontus Hulten, raconte cette aventure où l'artiste mais aussi les visiteurs tirent sur le tableau.

Niki de Saint Phalle en 1963.

Cher Pontus,

[…] On tira à tour de rôle. C'était une extraordinaire sensation de tirer sur une peinture et de la voir se transformer d'elle-même en une nouvelle création. […] J'inaugurai l'usage de la peinture en bombes qui, frappées par une balle, produisaient des effets extraordinaires. […] La fumée dégagée évoquait la guerre. La peinture était la victime. Qui était la peinture ? Papa ? Tous les hommes ? […] Mon frère John ? Ou bien la peinture était-elle MOI ? Me tirais-je dessus selon un RITUEL qui me permettait de mourir de ma propre main et de me faire renaître ? En tirant sur moi, je tirais sur la société et ses INJUSTICES. En tirant sur ma propre violence, je tirais sur la VIOLENCE du temps. Pendant les deux années passées aux TIRS je ne fus pas malade une seule fois. Quelle thérapie ce fut pour moi !

Lettre de Niki de Saint Phalle à Pontus Hultén, (historien d'art) citée dans le *Catalogue de l'exposition*, Musée d'art moderne de la ville de Paris, 1993.

1. **Indiquez** les procédés utilisés par l'artiste pour exprimer sa violence et sa révolte :
   - dans sa peinture : ....
   ....
   - dans son écriture : ....
   ....
2. **Surlignez** dans la lettre à Pontus sur quoi portent les doutes et interrogations de l'artiste.
3. **Expliquez** en quoi l'art peut être une thérapie.
....
....
....

Niki de Saint Phalle, *La Mort du patriarche*, 1972. Hanovre, Sprengel Museum.

ÉTAPE 2 Mettre en relation rapport au monde et expression artistique

Après une période de révolte et de doute, Niki de Saint Phalle s'engage avec son mari, le sculpteur Jean Tinguely, dans de nouvelles formes d'expression artistique au service de grandes causes sociétales, telles que le féminisme, la lutte contre le sida ou le racisme.

Niki de Saint Phalle, *Les Trois Grâces*, 1994. Washington.

4. Identifiez les engagements de Niki de Saint Phalle à travers ces sculptures monumentales.

- Contre le racisme (point de vue ethnographique) : ....

....

- Pour le féminisme (point de vue sociologique) : ....

....

5. Analysez l'évolution de l'expression artistique de Niki de Saint Phalle en lien avec son rapport au monde.

	Avant 1980 (recto)	Après 1980 (ci-dessus)
Types d'art	....	....
Couleurs, compositions, mouvements des sujets représentés	....	....
Éléments biographiques et rapport au monde de l'artiste	....	....
Réactions suscitées par les œuvres	....	....

BLOC-NOTES

Le rapport de l'homme au monde

› Les événements du XXe siècle (guerres, progrès scientifiques et techniques, mondialisation, etc.) **bouleversent le rapport de l'homme au monde**.

› De **nouvelles sciences humaines** apparaissent (psychanalyse, ethnographie, sociologie), qui analysent ces événements et leurs expressions.

L'expression artistique

› **La littérature et les autres arts** s'emparent de ces bouleversements du XXe siècle qui deviennent des **thèmes majeurs de la création artistique**.

› Les artistes inventent de **nouvelles formes d'expression** pour raconter ces événements et exprimer le doute, la révolte, parfois l'espoir.

Le lexique pour commenter les images

OBSERVATION Se constituer un répertoire lexical

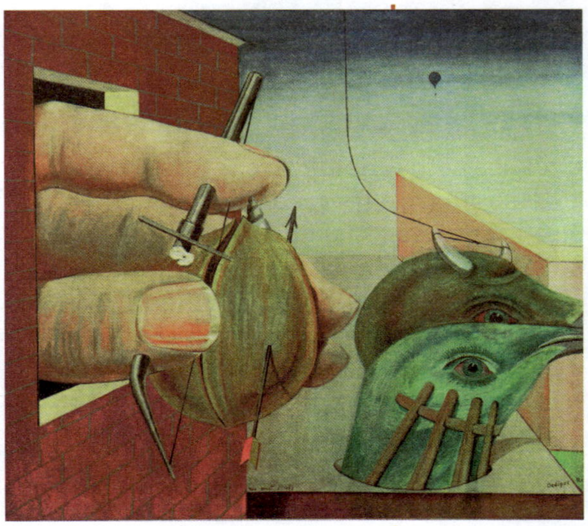

Max Ernst, *Œdipus Rex*, 1922. Paris, collection de Claude Herraint.

§ 1. Max Ernst peint *Œdipus Rex* en 1922. Ce *tableau* représente le mythe antique d'Œdipe, personnage qui a involontairement tué son père et épousé sa mère. Le psychanalyste Freud en a tiré le « complexe d'Œdipe » : les petits garçons seraient inconsciemment attirés par leur mère et jaloux de leur père.

§ 2. Ce tableau s'organise en *trois plans*. Le premier représente une main et une noix, le deuxième dépeint un couple d'oiseaux, le troisième est survolé par une montgolfière. Les *lignes géométriques* structurent une *perspective* irréelle de laquelle se détachent des *lignes courbes*. Les *nuances et tons contrastés* des couleurs, du *foncé* au *clair*, accentuent la *profondeur de champ*. Le *cadrage* en *gros plan* sur la main, la noix et les oiseaux met en valeur ces principaux éléments.

§ 3. Les oiseaux symbolisent le couple incestueux d'Œdipe (élément masculin identifié par les cornes) et sa mère. Bien qu'emblèmes de liberté, ces oiseaux sont tenus captifs par une ficelle et une minerve. Cette *métaphore picturale* figure l'enfermement. Elle *interroge* aussi l'interdit social de l'inceste. La *forme* de la noix transpercée suggère celle des yeux des oiseaux. Cette *analogie visuelle* peut évoquer le geste désespéré d'Œdipe se crevant les yeux en découvrant son double forfait. La noix signifie peut-être aussi le crâne, siège de l'inconscient. L'*étrangeté* et l'atmosphère *onirique*[1] de ce *tableau figuratif*, les thèmes de la liberté et de l'emprisonnement, le goût pour la *représentation symbolique*, l'influence de la *psychanalyse* caractérisent le *courant surréaliste*.

1. En lien avec le rêve, l'imaginaire.

1. Identifiez le plan du commentaire en précisant les numéros de paragraphe.
• Lequel présente ? .... • Lequel analyse ? .... • Lequel interprète ? ....

2. Surlignez, dans le commentaire, les verbes qui servent à présenter, analyser et interpréter le tableau.

3. Classez ci-dessous les mots en italique du texte qui servent à analyser.

Le genre de l'image	Le traitement de l'image
....	• Cadrage et composition : ....
Le courant artistique et ses caractéristiques	....
....	....
....	• Couleurs et lumières : ....
La visée de l'image	• Procédés stylistiques : ....
....	....

ENTRAÎNEMENT Enrichir et utiliser le lexique pour commenter une image

EXO 1 **Titrez** ces champs lexicaux à partir des mots qui les composent.

- .... : ombre, clair-obscur, contre-jour, contraste, éclairer, brillance, transparence.
- .... : nuance, ton, teinte, palette, pourpre, camaïeu, chaude, froide, primaire, jaune.
- .... : photo, dessin, affiche, fresque murale, caricature, tableau, pictogramme.

EXO 2 **Complétez** ces champs lexicaux à partir des titres indiqués.

- Courants artistiques : impressionnisme, ...
- Visées de l'image : dénoncer, ...

EXO 3 **Commentez** la photo en confrontant les deux visages. Vous **suivrez** le plan indiqué et **réutiliserez** au moins dix mots du lexique étudié dans ces pages.

Man Ray, photographe surréaliste, réalise cette photo dans l'entre-deux-guerres. Il prend pour modèle sa compagne, Kiki de Montparnasse, égérie parisienne, tenant un masque africain. Les arts premiers se font à cette époque reconnaître d'abord par l'ethnologie, puis par le monde artistique. Les artistes surréalistes s'en inspirent et soulèvent la question du colonialisme.

Noire et Blanche, Man Ray, 1926.
Paris, Centre Pompidou, MNAM.

- Présentation (titre, auteur, année, contexte…) : ....
....
....
- Analyse (genre, visée, composition, cadrage, jeux d'ombres et lumières…) : ....
....
....
....
- Interprétation (rencontre des cultures, courant artistique…) : ....
....
....
....

BLOC-NOTES

Le lexique pour commenter une image

› **Commenter** une image signifie la **présenter**, l'**analyser**, puis l'**interpréter**.

› Pour l'**analyser**, on s'appuie exclusivement sur l'image. On utilise un **lexique objectif**, souvent **technique**, qui décrit la composition, le cadrage et les couleurs.

› Pour l'**interpréter**, on s'appuie sur les éléments de l'analyse, du contexte, mais aussi sur ses propres connaissances et ses intuitions. On utilise davantage un **lexique subjectif**.

Le mythe de Don Juan : de ses origines à nos jours

ÉTAPE 1 Découvrir la naissance du mythe

Don Juan naît sous la plume de Tirso de Molina en 1630. En 1682, Molière reprend ce personnage dans sa pièce Dom Juan ou le Festin de Pierre. *Le mythe est ainsi créé. Au début de la pièce, Dom Juan se confie à son fidèle valet, Sganarelle.*

EXTRAIT 1

Molière, *Dom Juan ou le Festin de Pierre*, 1682

DOM JUAN, SGANARELLE

SGANARELLE – En ce cas, Monsieur, je vous dirai franchement que je n'approuve point votre méthode, et que je trouve fort vilain d'aimer de tous côtés comme vous faites.

DOM JUAN – Quoi ? Tu veux qu'on se lie à demeurer au premier objet qui nous prend, qu'on renonce au monde pour lui, et qu'on n'ait plus d'yeux pour personne ? […] Les inclinations naissantes, après tout, ont des charmes inexplicables, et tout le plaisir de l'amour est dans le changement. On goûte une douceur extrême à réduire, par cent hommages, le cœur d'une jeune beauté, à voir de jour en jour les petits progrès qu'on y fait, à combattre par des transports[1], par des larmes et des soupirs, l'innocente pudeur d'une âme qui a peine à rendre les armes, à forcer pied à pied toutes les petites résistances qu'elle nous oppose, à vaincre les scrupules dont elle se fait un honneur et la mener doucement où nous avons envie de la faire venir. Mais lorsqu'on en est maître une fois, il n'y a plus rien à dire ni rien à souhaiter ; tout le beau de la passion est fini […].

Molière, *Dom Juan ou le Festin de Pierre*, I, 2, 1682.

1. Vives émotions.

À la fin de la pièce, le Commandeur a été tué en duel par Dom Juan et il réapparaît sous la forme d'une statue vivante qui incarne la justice divine.

EXTRAIT 2

LA STATUE DU COMMANDEUR, DOM JUAN, SGANARELLE

LA STATUE – Dom Juan, l'endurcissement au péché traîne une mort funeste[1] ; et les grâces du Ciel que l'on renvoie[2] ouvrent un chemin à sa foudre[3].

DOM JUAN – Ô Ciel ! que sens-je ? Un feu invisible me brûle, je n'en puis plus, et tout mon corps devient un brasier ardent. Ah !

Le tonnerre tombe avec un grand bruit et de grands éclairs sur Dom Juan. La terre s'ouvre et l'abîme ; et il sort de grands feux de l'endroit où il est tombé.

SGANARELLE – Voilà par sa mort un chacun satisfait : Ciel offensé, lois violées, filles séduites, familles déshonorées, parents outragés, femmes mises à mal, maris poussés à bout, tout le monde est content.

Molière, *Dom Juan ou le Festin de Pierre*, V, 6, 1682.

1. Tragique.
2. Ignore.
3. Métaphore de l'Enfer.

1. Surlignez, de trois couleurs différentes, les mots ou expressions qui montrent que Dom Juan est :
- un libertin qui séduit les femmes et vit pour le plaisir ;
- un rebelle qui rejette les lois morales et sociales ;
- un athée qui défie les lois et l'autorité divines.

2. Présentez le châtiment du personnage et le message moral délivré ainsi par Molière.

....

....

ÉTAPE 2 Comprendre l'évolution du mythe en le contextualisant

Marcel Prévost, romancier, reprend en 1922 le mythe de Don Juan en l'adaptant à son époque. Dans l'extrait du roman, Guilloux, un diplomate amoureux éconduit, dresse un portrait satirique d'une Don Juane : Hilda de Finsburg. Cette héroïne incarne la « garçonne » des « Années folles » (1920-1929) qui revendiquait l'égalité des droits et des plaisirs avec les hommes.

Marcel Prévost, *Les Don Juanes*, 1922

– Voilà la morale, fit le diplomate. Hilda est ce que Mercueil appelle une « don Juane », et il sait fort bien que c'est un mot poussé comme un champignon, étymologiquement[1] indéfendable, mais épatant tout de même, parce qu'il dit tout ce qu'il veut dire, et qu'il cingle comme un coup de fouet. Hilda est une don Juane : elle a passé outre la morale des sexes, elle s'est satisfaite dans le plaisir aussi ingénument, aussi cyniquement, si vous voulez, qu'on se satisfait à table, à beaucoup de tables. Elle a appelé ça aimer. Parfait ! Mais voici que, ayant passé de peu la quarantaine, elle s'aperçoit aujourd'hui qu'aimer c'est autre chose.

Il se leva comme pour parler de plus haut et, la main droite sur le bord de la cheminée, continua :

– Ramon Genaz n'est plus pour elle un divertissement purement physique comme furent le grand-duc, le capitaine aux écuries, tant d'autres. […] Bref, elle l'aime, elle connaît enfin le besoin impérieux de la présence, l'obsession, la jalousie, l'inquiétude. Elle est bouleversée : elle souffre, et la souffrance fait luire devant son rêve un bonheur inouï. […] Bref, l'amour absolu se révèle à Hilda de Finsburg pour la première fois au lendemain de la quarantaine. Et avec lui surgit, barrant la route, cette bonne vieille loi morale, qu'elle croyait avoir supprimée depuis vingt ans. La loi morale, c'est la vieille idole de pierre, c'est la statue du Commandeur[2] pour la « don Juane ». Elle s'écroule toujours sur elle et l'écrase. Lisez l'histoire…

Marcel Prévost, *Les Don Juanes*, 1922.

1. L'étymologie est la science qui étudie l'origine et l'évolution des mots.
2. Symbole de la justice divine dans les premières versions du mythe.

3. Caractérisez le jugement du diplomate : selon lui, de quoi est coupable Hilda (première réplique) et comment est-elle punie (deuxième réplique) ?

4. Expliquez en quoi l'extrait symbolise les aspirations de certaines femmes des « Années folles » et **citez** le surnom qu'on leur attribuait.

5. Entourez de deux couleurs différentes les propositions qui indiquent la permanence du mythe entre Molière et Marcel Prévost celles qui montrent son évolution.

Personnage donjuanesque rebelle et libertin — Société moralisatrice

Société machiste — Notion de faute et de sanction — Laïcisation de la société

Émancipation des femmes — Sanction par les souffrances de l'amour

ÉTAPE 3 Découvrir une actualisation du mythe au XXIe siècle

Une critique cinématographique

Don Johnston, un Don Juan vieillissant, vient de se faire plaquer par Sherry, la dernière en date de ses petites amies, quand il reçoit une lettre anonyme qui lui apprend qu'il est le père d'un garçon de 19 ans. […] Fin du journal d'un Don Juan. Début de quoi ? *Broken Flowers* s'ouvre sur la possibilité d'un vide abyssal[1], d'un calme effrayant, d'un silence de plomb. Plus aucun souffle ne semble parcourir le vaste salon de Don, le quinquagénaire abandonné en survêtement […]. D'une certaine façon, *Broken Flowers* ne raconte que ceci : comment un homme fait le deuil d'une obsession, à la fois dérisoire et vitale, au profit d'une autre. Et comment, de celui qui voyait tout le temps des amantes potentielles, il devient celui qui voit partout des fils en puissance.

Louis Guichard, Télérama.fr, 7 septembre 2005.

1. Immense.

6. Relevez dans l'affiche et le texte des points communs et des différences entre Don Johnston et Don Juan.

	Points communs	Différences
Don Juan	…………………	…………………
Don Johnston	…………………	…………………

7. Illustrez par des exemples, pris dans la critique cinématographique, les éléments d'actualisation du mythe de Don Juan.

- Les progrès de la médecine : ……………………
- Le recours à la psychologie : ……………………
- La place de la religion : ……………………
- La famille : ……………………

8. Concluez cette étude par une définition du mythe en rayant les propositions erronées.

- Les mythes sont des histoires *évolutives* / *figées* dans lesquelles se projettent *l'inconscient collectif* / *la vision utopique d'une société* / *les peurs et désirs d'une société* / *la commémoration d'un événement passé*.
- Ils sont racontés *dans des romans* / *dans tous les genres artistiques* et *ne s'adaptent pas* / *s'adaptent* aux évolutions de la société.

BILAN DU GROUPEMENT

Présenter le corpus

Titre du groupement : ....

Problématique : ....

	Support 1	Support 2	Support 3
Auteur	....	....	....
Titre	....	....	....
Date	....	....	....
Genre	....	....	....

Synthétiser les lignes de force

Des personnages avec des points communs...

....

... mais des destins différents

- Au XVIIe siècle, Dom Juan est puni par ....
- Au XXe siècle, la Don Juane est punie par ....
- Au XXIe siècle, Don Johnston est puni par ....

... selon le contexte et la morale de leur époque

- En 1682 : ....
- En 1922 : ....
- En 2005 : ....

Exprimer un jugement

- **Formulez** votre opinion sur ce groupement. **Justifiez**-la.

....

BLOC-NOTES

Les mythes n'appartiennent pas seulement au passé

> Ils puisent leur trame narrative **dans le passé**.

> Toutefois, les mythes s'**actualisent** en permanence au gré des sociétés, des arts, des cultures. C'est un signe de leur **vitalité**.

Les mythes reflètent le rapport de l'homme au monde

> Ils **reflètent** les mœurs, les tabous, les peurs et les désirs d'une société.

> Les nouvelles sciences humaines (psychanalyse, ethnographie, sociologie) peuvent analyser le rapport de l'homme au monde à travers les mythes.

Des symboles aux allégories

OBSERVATION Caractériser des symboles et allégories

Ce poème est dédié à quatre grands résistants communistes et chrétiens tués par les Allemands entre 1941 et 1944.

La Rose et le Réséda

Celui qui croyait au ciel
Celui qui n'y croyait pas
Tous deux adoraient la belle
Prisonnière des soldats
Lequel montait à l'échelle
Et lequel guettait en bas
Celui qui croyait au ciel
Celui qui n'y croyait pas [...]
Quand les blés sont sous la grêle
Fou qui fait le délicat
Fou qui songe à ses querelles
Au cœur du commun combat
Celui qui croyait au ciel
Celui qui n'y croyait pas [...]
Répétant le nom de celle
Qu'aucun des deux ne trompa
Et leur sang rouge ruisselle
Même couleur même éclat
Celui qui croyait au ciel
Celui qui n'y croyait pas
Il coule il coule il se mêle
À la terre qu'il aima
Pour qu'à la saison nouvelle
Mûrisse un raisin muscat
Celui qui croyait au ciel
Celui qui n'y croyait pas
L'un court et l'autre a des ailes
De Bretagne ou du Jura
Et framboise ou mirabelle
Le grillon rechantera
Dites flûte ou violoncelle
Le double amour qui brûla
L'alouette et l'hirondelle
La rose[1] et le réséda[2]

Louis Aragon, « La Rose et le réséda », in *La Diane française*, 1944, © Seghers.

1. Symbolise les résistants communistes. – 2. Plante aux fleurs blanches qui symbolise ici les chrétiens.

1. Surlignez de deux couleurs différentes ce qui concerne chaque personnage du poème et **soulignez** les expressions montrant leur union.

2. Encadrez dans les sources du texte le contexte de création du poème.

3. Précisez les symboles qui se cachent derrière les expressions suivantes.

« Ciel »	« La grêle »	« Sang qui ruisselle »	« Hirondelle »
....	....	....	....
....	....	....	....

4. Expliquez qui est représenté par l'allégorie de la « belle » et son lien avec les résistants.

....

....

5. Nommez les valeurs qu'incarnent « celui qui croyait au ciel » et « celui qui n'y croyait pas » et **résumez** le message universel délivré par le poème.

....

....

ENTRAÎNEMENT Reconnaître des symboles et allégories

EXO 1 **Trouvez** les idées représentées par les symboles suivants.

- La colombe : ....
- La couleur blanche : ....
- La chaîne : ....
- Le renard : ....
- La pomme : ....
- La clef : ....
- Le masque : ....
- La girouette : ....

EXO 2 **Identifiez** et **définissez** les symboles et allégories présents dans la photographie.

Figure allégorique : ....
représentant : ....

Symbole : ....
représentant : ....

Photographie prise lors de la marche républicaine du 11 janvier 2015 à Paris, en réponse aux attentats meurtriers contre le journal satirique *Charlie Hebdo*.

Figure allégorique : « l'homme au crayon »
représentant : ....

Symbole : ....
représentant : ....

EXO 3 Les fables sont des récits allégoriques. D'après vos connaissances, **reliez** les titres de fables célèbres de Jean de la Fontaine à leur morale.

• « Le Laboureur et ses Enfants » ○	○ « Rien ne sert de courir, il faut partir à point. »
• « Le Corbeau et le Renard » ○	○ « Tout flatteur vit aux dépens de celui qui l'écoute. »
• « Le Lièvre et la Tortue » ○	○ « Le travail est un trésor. »
• « Le Loup et l'Agneau » ○	○ « La raison du plus fort est toujours la meilleure. »

BLOC-NOTES

Allégories et symboles

› L'**allégorie** est une **idée philosophique, politique** ou **morale** qui prend les **traits d'un être humain** : *la mort est représentée par une personne squelettique avec une faux*.

› Elle peut aussi être un **récit donnant une leçon**, comme dans la **fable**, le **récit mythologique** ou le **mythe**.

› L'allégorie vise à **émouvoir** ou **persuader**.

› Le **symbole** est un **objet**, une **plante**, un **animal** ou une **couleur** qui **représente concrètement une valeur, une institution**.

› Certains symboles sont **universels** : *les rameaux d'olivier symbolisent la paix*. D'autres sont **propres à chaque culture**.

› Le symbole **rend plus accessible** ou **mémorisable** ce qu'il représente.

Histoires de Jacques Prévert

Jacques Prévert (1900-1977) est un poète, scénariste, parolier de chansons et dramaturge.
Le recueil Histoires, écrit entre 1946 et 1963, témoigne des révoltes et doutes du poète sur son temps, exprimés dans une langue poétique. Cette promenade poétique dans le recueil présente des textes intégraux.

ÉTAPE 1 Comprendre les révoltes du poète

Embrasse-moi

C'était dans un quartier de la ville Lumière
Où il fait toujours noir où il n'y a jamais d'air
Et l'hiver comme l'été là c'est toujours l'hiver
Elle était dans l'escalier
Lui à côté d'elle elle à côté de lui
C'était la nuit
Ça sentait le soufre
Car on avait tué des punaises dans l'après-midi
Et elle lui disait
Ici il fait noir
Il n'y a pas d'air
L'hiver comme l'été c'est toujours l'hiver
Le soleil du bon Dieu ne brill' pas de notr' côté
Il a bien trop à faire dans les riches quartiers
Serre-moi dans tes bras
Embrasse-moi
Embrasse-moi longtemps
Embrasse-moi
Plus tard il sera trop tard
Notre vie c'est maintenant
Ici on crèv' de tout
De chaud de froid
On gèle on étouffe
On n'a pas d'air
Si tu cessais de m'embrasser
Il me semble que j'mourrais étouffée
T'as quinze ans j'ai quinze ans
À nous deux on a trente
À trente ans on n'est plus des enfants
On a bien l'âge de travailler
On a bien celui de s'embrasser
Plus tard il sera trop tard
Notre vie c'est maintenant
Embrasse-moi !

Jacques Prévert, *Histoires*, © Éditions Gallimard, 1963.

1. Encadrez dans le poème les éléments du contexte spatio-temporel et **déterminez** la période historique évoquée, en vous aidant du chapeau introducteur présentant le poète.

....

2. Dressez un portrait des deux personnages.

....

3. Identifiez le personnage qui s'exprime à partir du vers 10 et **résumez** ses propos.

....

4. Cochez les raisons de la révolte du personnage et **soulignez**-les dans le poème.

☐ La guerre ☐ La misère ☐ Les inégalités sociales ☐ Les adultes ☐ La fuite du temps

5. Citez des mots ou expressions du poème illustrant les procédés poétiques employés.

Anaphores	Répétitions	Oppositions	Langage familier
....	....	....	....
....	....	....	....
....	....	....	....

Sourire et s'émouvoir des fantaisies poétiques

Chanson du vitrier

Comme c'est beau
ce qu'on peut voir comme ça
à travers le sable à travers le verre
à travers les carreaux
tenez regardez par exemple
comme c'est beau
ce bûcheron
là-bas au loin
qui abat un arbre
pour faire des planches
pour le menuisier
qui doit faire un grand lit
pour la petite marchande de fleurs
qui va se marier
avec l'allumeur de réverbères
qui allume tous les soirs les lumières
pour que le cordonnier puisse voir clair
en réparant les souliers du cireur
qui brosse ceux du rémouleur
qui affûte les ciseaux du coiffeur
qui coupe le ch'veu au marchand d'oiseaux
qui donne ses oiseaux à tout le monde
pour que tout le monde soit de bonne humeur.

Jacques Prévert, *Histoires*, © Éditions Gallimard, 1963.

Les Prodiges de la liberté

Entre les dents d'un piège
La patte d'un renard blanc
Et du sang sur la neige
Le sang du renard blanc
Et des traces sur la neige
Les traces du renard blanc
Qui s'enfuit sur trois pattes
Dans le soleil couchant
Avec entre les dents
Un lièvre encore vivant.

Jacques Prévert, *Histoires*, Éditions Gallimard, 1963.

Accalmie

Le vent
Debout
S'assoit
Sur les tuiles du toit.

Jacques Prévert, *Histoires*, © Éditions Gallimard, 1963.

6. **Encadrez** les travailleurs cités dans « Chanson du vitrier », et **expliquez** le sens du poème.

....

....

....

7. **Nommez** les poèmes suggérant les formes poétiques définies ci-dessous, en justifiant votre choix par un exemple.

La **fable** est un court récit en vers ou prose, mettant souvent en scène des animaux, et qui vise à donner une morale.	La **comptine** est un poème pour amuser et/ou éduquer les enfants. Elle enchaîne des mots et crée un rythme par les répétitions et les sonorités.	Le **calligramme** est un poème dont les vers forment un dessin, très souvent en rapport avec le sujet du texte.
Poème : .... Exemple :	Poème : .... Exemple :	Poème : .... Exemple : ....

8. **Soulignez** les procédés poétiques employés dans les poèmes et **précisez** leur intérêt.

....

....

....

ÉTAPE 3 Partager le regard de Prévert sur la condition humaine

Les Derniers Sacrements[1]

Noyé dans les grandes eaux de la misère
Qui suintent horriblement
Le long des murs de sa chambre sordide
Un mourant
Livide abandonné et condamné
Aperçoit
Dans l'ombre de la veilleuse
Promenée et bercée par le vent
Contre le mur suintant
Une lueur vivante et merveilleuse
La flamme heureuse des yeux aimés
Et il entend
Distinctement
En mourant
Dans l'éclatant silence de la chambre mortuaire
Les plus douces paroles de l'amour retrouvé
Dites par la voix même de la femme tant aimée
Et la chambre un instant s'éclaire
Comme jamais palais ne fut éclairé
Il y a le feu
Disent les voisins
Ils se précipitent
Et ne voient rien
Rien d'autre qu'un homme seul
Couché dans des draps sales
Et souriant
Malgré le vent d'hiver
Qui entre dans la chambre
Par les carreaux cassés
Cassés par la misère
Et par le temps.

Jacques Prévert, *Histoires*, © Éditions Gallimard, 1963.

1. Actes et paroles religieux délivrés par le prêtre avant la mort.

Robert Doisneau, *Les Amants du Pont-Neuf*, 1950. Doisneau, célèbre photographe ami de Prévert, aimait se promener dans Paris en sa compagnie.

9. Citez deux champs lexicaux opposés et **surlignez**-les d'une couleur différente.

....

....

....

....

10. Montrez que cette « histoire » est à la fois réaliste et fantastique.

....

....

....

11. Expliquez ce que révèle ce poème sur la condition humaine.

....

....

12. Décrivez la photographie de Doisneau et **dites** en quoi elle fait écho aux thèmes chers à Prévert.

....

....

....

....

....

BILAN DU PARCOURS DE LECTURE

Présenter l'œuvre

- Auteur : ....
- Titre du recueil : ....
- Date de parution : ....
- Genre littéraire : ....
- Registres poétiques : ....

....

- Titres des poèmes : ....

....

- Problématique : ....

....

- Mots-clés : ....

....

Synthétiser les lignes de force de l'œuvre

Le contexte de création

....

....

Des « histoires » du quotidien...

....

....

....

... qui dénoncent les maux de la société

....

....

....

... qui évoquent le tragique de l'existence

....

....

....

... mais qui exaltent aussi la vie

....

....

....

... dans un langage poétique libéré des conventions

- Forme poétique : ....
- Lexique : ....
- Procédés stylistiques : ....

Exprimer un jugement

- La poésie de Prévert, qui révèle le rapport au monde du poète, vous semble-t-elle encore moderne ?

....

....

BLOC-NOTES

La poésie du XXe siècle avec Prévert

› La poésie est un genre qui se caractérise par une **disposition singulière des mots** et une utilisation d'**images**, de **sonorités** et de **procédés rythmiques** particuliers. Ses visées sont diverses : toucher la sensibilité, convaincre, amuser...

› Prévert propose un **renouvellement poétique** en faisant entrer le **quotidien** dans ses poèmes à partir d'une **écriture simple et proche de l'oralité**. Témoin de son temps, sa parole reste pourtant, à bien des égards, **intemporelle**.

Représenter sa vision du monde

DÉCOUVERTE Confronter des regards de peintres sur leur époque

A. En Allemagne : George Grosz, *Les Piliers de la société*, 1926

Peinture à l'huile. Berlin, Nationalgalerie.

B. En France : Martial Raysse, *Snack*, 1963

Collage avec photos, néon et sac plastique.

C. En Chine : Yue Minjun, *Gweong-Gweong*, 1993

Huile sur toile. Collection privée.

Qualifiez le regard que porte chaque peintre sur son époque : négatif? positif? les deux à la fois? **Justifiez** votre réponse par des éléments significatifs des tableaux.

A. C'est un regard ....
car ....

B. C'est un regard ....
car ....

C. C'est un regard ....
car ....

RÉDACTION Décrire le projet d'un tableau sur sa propre vision du monde

VOTRE SUJET

Vous venez d'étudier trois œuvres de peintres. Celles-ci sont d'origine et d'époque différentes, mais elles témoignent, chacune à leur manière, de la vision du monde de leur créateur...
À votre tour, vous décrivez le projet d'un tableau que vous aimeriez réaliser pour exprimer votre propre regard (positif ou négatif) sur notre époque.
Si vous le souhaitez, prenez un pinceau ou des ciseaux avec de la colle et créez votre tableau !

- Donnez un titre à votre œuvre. Celle-ci pourrait être un dessin, une peinture, un collage ou une fresque.
- Décrivez les éléments qui composeront votre tableau et situez-les : premier plan, second plan, arrière-plan.
- Précisez votre choix de couleurs : chaudes et/ou froides.
- Exprimez vos intentions et les émotions que vous voulez susciter.
- Vous pouvez vous aider de la fiche 18 sur le lexique de l'image.

Le point sur l'objet d'étude

BILAN

BILAN 1 Synthétiser ses connaissances

Un contexte suscitant la révolte et le doute

Sur le plan historique :

- 1914-1918 : ....
- 1939-1945 : ....
- 6 et 9 août 1945 : ....
- 1945-1962 : ....
- 1989 : ....

Sur le plan économique :

- 1945-1975 : ....
- de 1975 à aujourd'hui : ....

Sur le plan des valeurs humanistes : elles sont mises à mal.

→ Exemples : ....

Des récits et figures mythiques revisitées

- Les mythes : ....

→ Exemple(s) : ....

- Les figures mythiques : ....

→ Exemple(s) : ....

- Leurs visées : ....

Au xxe siècle, l'homme et son rapport au monde à travers la littérature et les autres arts

De nouvelles sciences humaines

- La psychanalyse : ....
- La sociologie : ....
- L'ethnographie : ....

Des modes d'expression artistique novateurs

- En littérature, des écrivains s'engagent et dénoncent : ....

Ils renouvellent leur expression poétique par l'emploi de : ....

→ Exemple(s) : ....

- En peinture, des artistes expriment de manière provocatrice et avec des matériaux originaux : ....

→ Exemple(s) : ....

BILAN 2 Répondre aux interrogations du programme

A. En quoi le xxe siècle a-t-il modelé l'homme moderne ?

• Les pertes matérielles et humaines des guerres, la barbarie des camps et de la bombe atomique, les génocides ethniques… ont suscité révoltes et doutes : l'homme peut être un « loup pour l'homme », quelles que soient ses origines et sa culture.

• Les sciences humaines (psychanalyse, sociologie, ethnologie) ont modifié le regard de l'homme sur lui-même, sur son environnement social et sur des sociétés plus lointaines.

• Les débuts d'Internet et des réseaux sociaux ont aussi bouleversé les modes de communication. Aujourd'hui, de fait, l'homme est un citoyen du monde.

B. Les mythes appartiennent-ils seulement au passé ?

• Non, ……………………

• Certes, ……………………

……………………

Exemple(s) : ……………………

• Cependant, ……………………

……………………

Exemple(s) : ……………………

• En outre, ……………………

……………………

Exemple(s) : ……………………

C. Comment la lecture d'œuvres littéraires permet-elle de s'interroger sur le rapport de l'homme au monde ?

• En s'identifiant aux personnages qui vivent des aventures à une époque donnée, le lecteur ……………………

……………………

Exemple(s) : ……………………

……………………

• En découvrant les émotions, les engagements des auteurs, le lecteur ……………………

……………………

……………………

Exemple(s) : ……………………

……………………

BILAN 3 Exprimer son opinion personnelle sur l'objet d'étude

Ce que vous avez appris (scolairement ou plus personnellement) : ……………………

……………………

Ce que vous avez aimé et moins aimé : ……………………

……………………

Ce que l'objet d'étude vous a donné envie de lire, de voir, d'écouter : ……………………

……………………

Étudier les questions d'analyse et d'interprétation

COMPÉTENCES DE LECTURE

MÉTHODO 1 Comprendre les attentes du programme

Pour passer de l'**impression** (« l'extrait fait un peu peur ») à une **interprétation** précise (« l'extrait joue des effets de suspens et joue de tel type de description pour renforcer les craintes du lecteur »), une lecture **analytique** est nécessaire.

Site Éduscol, *Ressources pour le bac pro*, fiche « Lire ».

1. **Reliez** chaque terme à la définition correspondante.

Impression ○	○ Formulation du sens d'un texte ou d'une image.
Analyse ○	○ Ressenti né de la première lecture d'un texte ou d'une image.
Interprétation ○	○ Étude de l'écriture et de la composition d'un texte ou d'une image.

MÉTHODO 2 Observer des questions d'analyse et d'interprétation

Corpus (Bac pro, juin 2012)

- **Texte 1.** Chanson de Jean Ferrat, *Je ne suis qu'un cri*, paroles de Guy Thomas, 1985.
- **Texte 2.** Dernière page du roman *La Peste*, Albert Camus, 1947.

Analyse et interprétation

1. **Texte 1.** Comment Jean Ferrat présente-t-il ce qu'il veut être et les valeurs qu'il défend ?
2. **Textes 1 et 2.** En quoi le rôle que Rieux accepte d'assumer rejoint-il celui que choisit la chanson ?

2. **Barrez** ci-dessous les affirmations fausses.
   - Les questions portent sur un ou plusieurs documents.
   - Les questions me guident précisément pour construire le plan de la réponse.
   - Les questions ne portent pas exclusivement sur l'analyse stylistique des textes.
   - Les questions sollicitent une opinion personnelle sur les supports.
   - Les questions citent, dans un texte, des passages précis à étudier.

3. **Récapitulez** la démarche attendue en classant dans le schéma les mots « analyse », « interprétation » et « impression ».

Première lecture : .... → Deuxième lecture : .... → Troisième lecture : ....

MÉTHODO 3 Formuler des questions d'analyse et d'interprétation

Gabriel Péri

Un homme est mort qui n'avait pour défense
Que ses bras ouverts à la vie
Un homme est mort qui n'avait d'autre route
Que celle où l'on hait les fusils
Un homme est mort qui continue la lutte
Contre la mort contre l'oubli

Car tout ce qu'il voulait
Nous le voulions aussi
Nous le voulons aujourd'hui
Que le bonheur soit la lumière
Au fond des yeux au fond du cœur
Et la justice sur la terre

Il y a des mots qui font vivre
Et ce sont des mots innocents
Le mot chaleur le mot confiance
Amour justice et le mot liberté
Le mot enfant et le mot gentillesse
Et certains noms de fleurs et certains noms de fruits
Le mot courage et le mot découvrir
Et le mot frère et le mot camarade
Et certains noms de pays de villages
Et certains noms de femmes et d'amies
Ajoutons-y Péri
Péri est mort pour ce qui nous fait vivre
Tutoyons-le sa poitrine est trouée
Mais grâce à lui nous nous connaissons mieux
Tutoyons-nous son espoir est vivant.

Paul Éluard, « Gabriel Péri »,
in *Au Rendez-vous allemand*,
© Éditions de Minuit, 1945.

4. Soulignez les connecteurs logiques dans l'exemple de réponse, puis **complétez** les cases en indiquant le contenu de chaque paragraphe.

La première strophe du poème d'Éluard présente la mort de Gabriel Péri comme un événement inacceptable et de portée universelle.
Tout d'abord, le caractère inacceptable de la mort du journaliste est souligné par l'anaphore « Un homme est mort », présente dans la première strophe.
De plus, la dureté des sonorités en [k] semble imiter les tirs d'une exécution : « [...] qui continue la lutte / Contre la mort contre l'oubli » (vers 5 et 6).
Enfin, la portée universelle du poème est traduite par l'emploi du groupe nominal « un homme » pour désigner la victime. L'image du Christ, suggérée dès les vers 1 et 2, présente cette mort comme un sacrifice qui concerne tous les hommes : « qui n'avait pour défense / Que ses bras ouverts à la vie ».

5. Formulez la question d'analyse et d'interprétation à laquelle cet écrit répond.

6. Formulez une autre question d'analyse et d'interprétation sur le même écrit.

POINT EXAM'

Les questions d'analyse et d'interprétation

- Les questions d'analyse et d'interprétation portent sur **un seul document ou plusieurs**.
- Elles visent à faire **formuler** une **interprétation** du ou des documents, **justifiée** par une **analyse** des **effets d'écriture** ou **visuels**.
- Ce qui doit être précisément analysé n'est **pas détaillé**.

Répondre aux questions d'analyse et d'interprétation

COMPÉTENCES DE LECTURE

MÉTHODO 1 Répondre à une question sur des effets d'écriture

Texte 1

Le monde sidéré

J'attends un téléphone[1], et cette attente m'angoisse plus que d'habitude. J'essaye de faire quelque chose et je n'y arrive pas bien. Je me promène dans ma chambre : tous les objets – dont la familiarité d'ordinaire me réconforte – les toits gris, les bruits de la ville, tout me paraît inerte, séparé, sidéré comme un astre désert, comme une Nature que l'homme n'aurait jamais habitée.

Roland Barthes, *Fragments d'un discours amoureux*,
© Éditions du Seuil, 1977.

1. Un appel téléphonique.

Question d'analyse et d'interprétation

Texte 1. Dans le texte intitulé « Le monde sidéré », comment le narrateur exprime-t-il son état psychologique qui conditionne son rapport au monde extérieur ?

1. **Encadrez** dans la question le mot interrogatif, puis **soulignez** ce que vous devez étudier.

2. **Analysez** et **interprétez** les procédés d'écriture en complétant le tableau.

	Analyse	Interprétation
Champs lexicaux	....	....
Images poétiques	....	....
Effets sonores	Allitérations en [s] et en [r] dans l'expression « séparé, sidéré comme un astre désert ». Les sonorités des adjectifs psychologiques trouvent des échos dans le reste de la phrase.	La sidération du narrateur envahit sa perception du monde extérieur.

3. **Complétez** la réponse en vous aidant du tableau.

Dans « Le monde sidéré » de Roland Barthes, l'état psychologique du narrateur conditionne son rapport au monde extérieur. En effet, ...
....
....
....
....
....
....

MÉTHODO 2 Répondre à une question d'interprétation sur un tableau

Document 2

Francis Bacon, *Autoportrait*, 1971. Paris, Centre Pompidou.

Question d'analyse et d'interprétation

Document 2. Comment cet autoportrait révèle-t-il la vie intérieure du peintre ?

4. **Encadrez** dans la question le mot interrogatif, puis **soulignez** ce que vous devez montrer.

5. **Analysez** le tableau.

	Analyse	Interprétation
Composition	Portrait centré sur le visage. Pas d'arrière plan.	Personnage coupé du monde extérieur.
Couleurs		
Lignes et formes		

6. **Rédigez** votre réponse en vous appuyant sur votre analyse.

Cet autoportrait révèle la vie intérieure du peintre en montrant comment ses émotions négatives déforment sa vision de lui-même. En effet,

MÉTHODO 3 Répondre à une question de mise en relation

Question d'analyse et d'interprétation

Texte 1 et document 2. En quoi peut-on dire que, dans ces deux œuvres, la vie intérieure du personnage conditionne son rapport au monde ?

7. **Rédigez** votre réponse sur une feuille en vous appuyant sur vos analyses précédentes.

POINT EXAM'

Les réponses aux questions d'analyse et d'interprétation

- **Relever** dans la question les **mots interrogatifs** et le **thème**, puis **décomposer les différents aspects** du thème à étudier ;
- **structurer** la réponse en un, deux, voire trois paragraphes ;
- **justifier** son analyse et son interprétation en citant des éléments des supports.

Analyser la réfutation d'une thèse

MÉTHODO 1 Comprendre la consigne d'écriture

Compétences d'écriture

Selon vous, avec quels arguments peut-on réfuter la thèse suivante : « Le Web social (les réseaux sociaux virtuels d'amitié, Facebook, les blogs...) développe toujours de vrais échanges entre les internautes » ?
Vous répondrez à cette question dans un développement argumenté d'une quarantaine de lignes, en vous appuyant sur vos lectures de l'année et sur vos connaissances personnelles.

1. Complétez le tableau.

Thème du devoir	....
Thèse à réfuter	....
Argumentaire	....

MÉTHODO 2 Observer l'introduction et la conclusion

L'introduction

Le Web social (Facebook, Twitter, Youtube...) connaît un essor fulgurant et la planète est désormais connectée en permanence. Grâce à ces interactions, des liens étroits se tissent entre les internautes. Pourquoi peut-on cependant s'opposer à l'idée que les réseaux sociaux virtuels d'amitié développent de vrais échanges ?

2. Indiquez la fonction de chaque phrase :
- phrases 1 et 2 : ....
- phrase 3 : ....

3. Encadrez le lien logique et **indiquez** sa valeur.

☐ Cause ☐ Concession ☐ Opposition
☐ Conséquence ☐ Explication ☐ Énumération

4. Justifiez l'emploi de ce connecteur.

....
....

La conclusion

Loin de développer toujours de vrais échanges, les réseaux sociaux créent donc parfois des liens virtuels, superficiels et dangereux. Ainsi, les relations humaines s'appauvrissent. Il peut être souvent préférable d'échanger en face à face avec des amis proches, sur lesquels on peut compter, plutôt que de dialoguer à distance et collectionner les « amis » comme des trophées.

5. Surlignez les liens logiques et **indiquez** leur valeur.

....

6. Encadrez les arguments développés dans le devoir.

7. Reformulez l'argument énoncé dans la dernière phrase.

....
....
....
....
....

MÉTHODO 3 Analyser le développement argumenté de la réfutation

Tout d'abord, les liens tissés sur le Web social ne sont que des échanges virtuels, factices. Les 700 millions d'utilisateurs qui se connectent quotidiennement sont en effet victimes d'une illusion d'humanité. Car quand on ne supporte plus d'être seul, on s'invente des amis, on simule des dialogues qui ne sont pas de véritables échanges. De plus, selon les psychologues, on perd contact avec la réalité et on leurre les autres en changeant d'identité et d'apparence sur son espace personnel.

Ensuite, les échanges qui se multiplient sur les réseaux de partage restent très superficiels, peu approfondis. L'internaute qui, d'un seul clic, contacte l'ensemble de son fichier d'amis ne peut moduler ses messages. Je me sens méprisé, pour ma part, par ces envois impersonnels et ne réponds même pas. Les relations humaines s'appauvrissent donc sur le Web social, mais également dans l'entourage de l'internaute, délaissé par celui-ci.

Enfin, les liens créés sur Internet peuvent s'avérer dangereux. Les incitations à partager des éléments de sa vie intime comportent en effet des risques. Maltraitances, harcèlements ou intimidations existent. Les propos grossiers, diffamatoires ou appelant à la haine sont également à fuir. On doit aussi se méfier des sociétés à l'affût de tout indice sur notre comportement. Or les concepts d'amitié et de liberté ne tolèrent aucune intrusion. Big Brother, personnage inventé par George Orwell dans son roman *1984*, est encore présent.

8. Encadrez les connecteurs logiques d'énumération. **Soulignez** les autres liens logiques.

9. Surlignez différemment les arguments et les exemples.

10. Complétez la synthèse ci-dessous.

Le lexique péjoratif
- Le champ lexical du virtuel : ....
- Le champ lexical de la superficialité : ....
- Le champ lexical du danger : ....

Les arguments de la réfutation
- Un argument d'autorité : ....
- Un argument de circonstance : ....
- Un argument fondé sur des valeurs : ....
- Un argument explicatif : ....

Lectures et expériences
- Une lecture : ....
- Une expérience personnelle : ....

POINT EXAM'

La réfutation d'une thèse

› La **réfutation**, à la différence d'une démonstration ou d'une délibération, vise à **prouver** la **fausseté** d'une **thèse** en développant un argumentaire convaincant.

› Dans l'**introduction**, le candidat formule le **thème** du devoir et la **thèse** qu'il va **réfuter**.

› Dans le **développement**, le candidat énumère une suite d'**arguments** et d'**exemples diversifiés**. (→ Voir fiche 12)

› Dans la **conclusion**, le candidat **reformule** la **thèse** qu'il a **réfutée** et celle qu'il a **soutenue**.

Rédiger la réfutation d'une thèse

COMPÉTENCES D'ÉCRITURE

MÉTHODO 1 Mettre en relation le corpus et la consigne d'écriture

A. Une nouvelle

Le délit

Comme dans tous les endroits publics de la grande ville, les consommateurs de ce banal café buvaient en silence ou murmuraient des mots fonctionnels, figés, momifiés dans le sérieux ambiant, engrisés[1] par une discipline sans faille. Personne ne parut prêter la moindre attention à l'irruption brutale des policiers de la brigade spéciale des mœurs que la direction venait d'appeler par téléphone. Ils se ruèrent sans hésiter vers une table du fond, empoignèrent deux clients qu'ils jetèrent sans ménagement dans le fourgon cellulaire. Leur compte était bon, ils en auraient pour dix ans au moins : on les avait pris en flagrant délit de rire et de plaisanter au cœur d'un endroit public.

Jacques Sternberg, *188 contes à régler*, 1998, © Éditions Denoël.

1. Néologisme : conditionnés.

B. Un dessin de presse

Chaunu, *Ouest France*, 8 janvier 2015. Le dessin dénonce l'assassinat des caricaturistes de *Charlie Hebdo*, journal satirique.

Compétences d'écriture

Selon vous, interdire la liberté d'expression individuelle et artistique pour conquérir et maintenir son pouvoir, est-ce légitime ? Vous répondrez à cette question dans un développement argumenté d'une quarantaine de lignes, en vous appuyant sur le corpus, vos lectures de l'année et vos connaissances personnelles.

1. **Identifiez** le type de société décrit dans la nouvelle et **expliquez** ce que dénonce le texte.

....
....
....

2. **Confrontez** la caricature à la nouvelle.

....
....
....
....

3. **Reformulez** la thèse à laquelle il faut s'opposer dans la réfutation.

....
....

MÉTHODO 2 Préparer et rédiger la réfutation

4. Citez les exemples que vous exploiterez dans votre rédaction.

- Connaissances (roman, film, etc.) : ....
- Expériences personnelles : ....

5. Complétez le plan de votre rédaction en notant les idées que vous allez développer.

L'introduction (➔ fiche 26)	
Présentation du thème et formulation, sous la forme d'une question, de la thèse à réfuter	
Le développement (➔ fiche 26)	
§ 1	Connecteur d'énumération + argument 1 + exemple(s) ....
§ 2	Connecteur d'énumération + argument 2 + exemple(s) ....
§ 3	Connecteur d'énumération + argument 3 + exemple(s) ....
La conclusion (➔ fiche 26)	
Connecteur de conclusion + synthèse de l'argumentation + réponse à la question posée	

6. Sur une feuille indépendante, **transformez** votre prise de notes en un texte d'une quarantaine de lignes. **Soyez attentif(ve)** aux critères et barème d'évaluation présentés ci-dessous.

POINT EXAM'

Les critères et barème d'évaluation d'une réfutation

ARGUMENTATION : 4 POINTS

☐ Le thème et la thèse à réfuter formulée par une question sont explicites.

☐ Les arguments réfutent la thèse avec pertinence et les exemples sont variés et en cohérence avec les arguments.

ORGANISATION : 3 POINTS

☐ La mise en paragraphes du devoir correspond à la progression de l'argumentation.

☐ Les idées s'enchaînent logiquement grâce à l'emploi de connecteurs.

EXPRESSION : 3 POINTS

☐ L'énonciation à la 3e personne est privilégiée.

☐ Les phrases sont bien construites, le vocabulaire est précis et l'orthographe correcte.

Analyser une délibération

COMPÉTENCES D'ÉCRITURE

MÉTHODO 1 Comprendre la consigne d'écriture

Compétences d'écriture

Selon vous, les productions artistiques (romans, films, chansons…) doivent-elles s'engager contre les souffrances du monde réel, ou bien doivent-elles plutôt permettre de s'en évader ?

Vous répondrez à cette question dans un développement argumenté d'une quarantaine de lignes, en vous appuyant sur vos lectures de l'année et sur vos connaissances personnelles.

1. Décomposez la consigne à l'aide du tableau ci-dessous.

Verbes de consigne	Longueur de la rédaction
....	....

Les deux avis entre lesquels délibérer	Origine des exemples
a.	....
b.	....

MÉTHODO 2 Observer l'introduction et la conclusion d'une délibération

Introduction

Les productions artistiques sont des objets ou des mises en scène qui ont pour fonction de provoquer une émotion chez le spectateur. Mais de nombreux artistes créent également des œuvres qui ont pour but de témoigner des douleurs du monde réel afin de les dénoncer. Leur démarche est alors qualifiée d'art engagé.
Et nous, spectateurs et lecteurs, qu'attendons-nous des productions artistiques ? Doivent-elles s'engager contre les souffrances du monde, ou doivent-elles permettre de s'en évader ?

2. Encadrez la présentation du thème, **soulignez** les explications qui permettent de préciser le sujet, puis **surlignez** les questions.

3. Récapitulez les éléments indispensables de l'introduction d'une délibération.

- ....
- ....
- ....

Conclusion

En définitive, nous avons vu que l'art, qu'il soit engagé ou pas, constitue un moyen d'échapper symboliquement aux souffrances du monde réel car il est un refuge où la solidarité et le partage entre les humains sont toujours possibles.

4. Entourez le connecteur qui introduit la conclusion.

5. Surlignez la réponse à la question de départ.

MÉTHODO 3 Observer les deux premières parties du développement

6. Notez dans les cadres l'avis formulé dans chaque paragraphe, **encadrez** les connecteurs qui introduisent les avis différents, puis **soulignez** ceux qui introduisent les exemples.

Paragraphe 1

Il est vrai que de nombreuses œuvres d'art témoignent de la souffrance des hommes pour la dénoncer. Pour exemple, le tableau *Guernica*, peint par Picasso en 1937, nous plonge dans le cauchemar des bombardements sur la petite ville d'Espagne : on y voit le souffle des explosions, les corps disloqués, les cris de souffrance. Le chef-d'œuvre est devenu le symbole universel des horreurs de toutes les guerres. De même, dans son roman *Voyage au bout de la nuit*, l'écrivain Céline rend compte de l'enfer de la Première Guerre mondiale vue par un jeune homme qui témoigne de la perte des valeurs et des repères. Ainsi, dans nombre d'œuvres d'art, l'artiste met son talent au service d'un engagement contre la souffrance.

Avis 1

....

....

....

....

....

....

....

Paragraphe 2

Pourtant, l'art n'a pas pour vocation première de montrer le réel. Il peut au contraire permettre de s'évader d'un quotidien difficile. Par exemple, les artistes surréalistes, comme André Breton pour la poésie ou Odilon Redon pour la peinture, considèrent qu'à l'origine de l'art se trouve la toute-puissance du rêve, sans souci aucun du rapport de l'homme au monde réel. On peut également citer le film de Marcel Carné, *Les Enfants du paradis*, qui, tourné pendant la Seconde Guerre mondiale, est un vibrant hommage à l'art du théâtre et ne fait aucune référence à l'Occupation. Ainsi, de nombreux chefs-d'œuvre sont des invitations à s'évader.

Avis 2

....

....

....

....

....

....

MÉTHODO 4 Observer la troisième partie du développement

7. Notez dans le cadre l'argument du paragraphe, **encadrez** le connecteur qui introduit l'opinion personnelle, puis **soulignez** le connecteur qui introduit sa justification.

Paragraphe 3

Selon moi, l'art est un moyen de s'élever au-dessus de la souffrance. En effet, même une œuvre telle que *Guernica* est un moyen de conserver une lueur d'espoir au milieu du désastre. Celle-ci est symbolisée dans le tableau par une petite torche tendue à bout de bras depuis une fenêtre par laquelle on rêve de s'évader. L'art engagé, aussi sombre soit-il, témoigne de la solidarité entre les hommes et de leur humanité, même lorsque ces dernières semblent avoir disparu. Ainsi, le roman de Camus *La Peste* est à la fois un témoignage sur la souffrance des hommes et un message d'espoir incitant à la dignité.

Thèse personnelle

....

....

....

....

....

....

POINT EXAM'

Le plan d'une délibération

- Une **délibération** comporte une **introduction** qui présente la question, **deux paragraphes** qui développent **deux avis différents**, **un paragraphe** pour l'expression d'un **choix personnel** et une **conclusion** qui répond à la question du sujet de manière résumée.
- Chaque paragraphe du **développement** est structuré en deux étapes : **explication** de l'argument, puis **illustration** par un exemple.
- Les différentes étapes sont articulées entre elles par des **connecteurs logiques**.

Rédiger une délibération

COMPÉTENCES D'ÉCRITURE

MÉTHODO 1 Lire activement le sujet

A. Document 1

Long Term Parking, Arman, 1982.
Collection privée.

B. Texte 2

Moi, c'est la route, la vitesse de jour et de nuit, le vent qui glisse tout autour de la caisse et le bruit d'un moteur bien réglé, les longues courbes, les ponts, les lignes et les pointillés blancs dans les phares, sous la pluie, en plein soleil ; et les kilomètres avalés, les virages plus secs, les autres rares voitures dans le silence glacé d'un matin d'hiver, brillant et menaçant, les corbeaux en troupes au-dessus des champs, les faucons volant sur place dans le soleil avant de fondre sur leur proie, le soleil dans les yeux, le soleil dans le dos, le soleil se couchant et dessinant l'ombre noire et déformée de la voiture, sur ma droite.

Jacques Teboul, *La Bagnole, scènes de la vie quotidienne*, © Éditions Libres Hallier, 1980.

Compétences d'écriture

Selon vous, la société de consommation est-elle une source de liberté ou une forme d'enfermement ? Vous répondrez à cette question dans un développement argumenté d'une quarantaine de lignes, en vous appuyant sur les documents du corpus et sur vos lectures de l'année, ainsi que sur vos connaissances et expériences personnelles.

1. Surlignez de deux couleurs différentes les deux avis que vous devez confronter, puis **formulez** votre avis personnel.

....

....

2. Notez les exemples que vous pouvez utiliser.

- Exemples tirés du corpus : ....

....

- Exemples tirés des lectures de l'année : ....

....

- Exemples tirés des connaissances et expériences personnelles : ....

....

MÉTHODO 2 Préparer et rédiger la délibération

3. **Complétez** le plan de votre rédaction en notant les idées que vous allez développer.

	L'introduction	
§ 1	Énoncé du thème et de la question sur laquelle il faut délibérer …………………………………… ……………………………………	
	Le développement	
§ 2	Avis 1 + argument(s) ou explication(s) *Pour certains* …………………… …………………… …………………… …………………… ……………………	Exemples …………………… …………………… …………………… …………………… ……………………
§ 3	Avis 2 + argument(s) ou explication(s) *Pour d'autres, en revanche* …………… …………………… …………………… …………………… ……………………	Exemples …………………… …………………… …………………… …………………… ……………………
§ 4	Énoncé de l'avis personnel *Quant à moi, je considère que* …………… …………………… …………………… ……………………	Exemples …………………… …………………… …………………… ……………………
	La conclusion	
§ 5	Reformulation et synthèse *Par conséquent* …………………… …………………… ……………………	

4. Sur une feuille, **transformez** votre prise de notes en un texte d'une quarantaine de lignes.

POINT EXAM'

Les critères et barème d'évaluation pour une délibération

ARGUMENTATION : 4 POINTS

☐ Les avis différents et la thèse personnelle sont clairs, pertinents et illustrés d'exemples cohérents.

ORGANISATION : 3 POINTS

☐ Les paragraphes correspondent à la progression et les idées s'enchaînent grâce à des connecteurs.

EXPRESSION : 3 POINTS

☐ Les phrases sont bien construites, le vocabulaire est précis et l'orthographe (grammaticale et lexicale) est correcte.

Classe : ....
Nom : ....
Date : ..../........./........

Sujet de bac pro guidé

Ma démarche pour découvrir le corpus

- **J'entoure** les sources des supports.
- **Je souligne** dans les introductions les mots-clés.
- **Je surligne** dans les textes les passages utiles à leur compréhension.
- **Je rédige** dans « Mes notes de première lecture » de brefs commentaires sur le genre d'écrit ou d'image, son thème, les intentions de l'auteur, les effets produits ainsi que les liens entre les éléments du corpus.

TEXTE 1

Les Métamorphoses *d'Ovide (43 av. J.-C.-17 ou 18 apr. J.-C.) racontent la naissance et le développement du monde.*
Dans ce récit mythologique et mythique, l'âge d'or correspondait au premier âge de l'humanité.

L'âge d'or

L'âge d'or commença. Alors les hommes gardaient volontairement la justice et suivaient la vertu sans effort. Ils ne connaissaient ni la crainte, ni les supplices ; des lois menaçantes n'étaient point gravées sur des tables d'airain[1] ; on ne voyait pas des coupables tremblants redouter les regards de leurs juges, et la sûreté commune être l'ouvrage des magistrats. Les pins abattus sur les montagnes n'étaient pas encore descendus sur l'océan pour visiter des plages inconnues. Les mortels ne connaissaient d'autres rivages que ceux qui les avaient vus naître. Les cités n'étaient défendues ni par des fossés profonds ni par des remparts. On ignorait et la trompette guerrière et l'airain courbé du clairon. On ne portait ni casque, ni épée ; et ce n'étaient pas les soldats et les armes qui assuraient le repos des nations. La terre, sans être sollicitée par le fer, ouvrait son sein, et, fertile sans culture, produisait tout d'elle-même. L'homme, satisfait des aliments que la nature lui offrait sans effort, cueillait les fruits de l'arbousier[2] et du cornouiller[3], la fraise des montagnes, la mûre sauvage qui croît sur la ronce épineuse, et le gland qui tombait de l'arbre de Jupiter. C'était alors le règne d'un printemps éternel. Les doux zéphyrs, de leurs tièdes haleines, animaient les fleurs écloses sans semence. La terre, sans le secours de la charrue, produisait d'elle-même d'abondantes moissons. Dans les campagnes s'épanchaient des fontaines de lait, des fleuves de nectar ; et de l'écorce des chênes le miel distillait en bienfaisante rosée.

Ovide, *Les Métamorphoses*, livre I « Les Quatre âges », trad. G. T. Villenave, 1806.

1. Synonyme de « bronze » sous l'Antiquité.
2. Arbre à fraises
3. Arbuste.

> Mes notes de première lecture

....
....
....
....
....
....
....

DOCUMENT 2

Paul Signac (1863-1935), célèbre peintre pointilliste, affirme en 1893 : « Au temps de l'harmonie, l'âge d'or n'est pas dans le passé, il est dans l'avenir. »

Paul Signac, *Au Temps de l'harmonie*, 1893. Mairie de Montreuil.

> Mes notes de première lecture

. . . .

TEXTE 3

L'âge d'or

Nous aurons du pain,
Doré comme les filles
Sous les soleils d'or.
Nous aurons du vin,
De celui qui pétille
Même quand il dort.
Nous aurons du sang
Dedans nos veines blanches
Et, le plus souvent,
Lundi sera dimanche.
Mais notre âge alors
Sera l'âge d'or.

Nous aurons des lits
Creusés comme des filles
Dans le sable fin.
Nous aurons des fruits,
Les mêmes qu'on grappille
Dans le champ voisin.
Nous aurons, bien sûr,
Dedans nos maisons blêmes,
Tous les becs d'azur
Qui là-haut se promènent.
Mais notre âge alors,
Sera l'âge d'or.

Nous aurons la mer
À deux pas de l'étoile.
Les jours de grand vent,
Nous aurons l'hiver
Avec une cigale
Dans ses cheveux blancs.
Nous aurons l'amour
Dedans tous nos problèmes
Et tous les discours
Finiront par « je t'aime »
Vienne, vienne alors,
Vienne l'âge d'or.

Paroles et musique, Léo Ferré, 1966.

> Mes notes de première lecture

. . . .

Ma démarche pour préparer les questions de lecture

- › **Je souligne** dans les consignes les mots importants.
- › **Je repère** les éventuelles sous-questions.
- › **Je relis** mes notes de première lecture.
- › **J'écris** sous chaque question des éléments de réponse.
- › **Je recopie** au propre mes réponses bien rédigées.

COMPÉTENCES DE LECTURE

10 POINTS

Présentation du corpus

1. **Montrez** en quoi les éléments du corpus présentent des points communs et des différences. **2 POINTS**

- Points communs : ....
- Différences : ....

Analyse et interprétation

2. TEXTE 1. **Expliquez** pourquoi le récit mythologique d'Ovide représente à la fois le mythe d'un monde idéal mais aussi les difficultés réelles auxquelles étaient confrontés ses contemporains. **3 POINTS**

- C'est un mythe sur un monde idéal car ....
- Les difficultés des Romains de l'époque : ....

3. DOCUMENT 2. **Montrez** comment Paul Signac actualise dans son tableau le mythe de l'âge d'or. **2 POINTS**

....

4. TEXTES 3 ET 1. **Nommez** les différents désirs que symbolisent les éléments cités dans chaque couplet de la chanson. En quoi témoignent-ils de la portée universelle du mythe ? **3 POINTS**

- Désirs : ....
- Portée universelle : ....

Ma démarche pour préparer la consigne d'écriture

> **Je souligne** dans le sujet les mots importants.
> **Je cherche** des éléments du corpus pour enrichir mes arguments et exemples.
> **J'identifie** ma démarche d'argumentation : démonstration, réfutation ou délibération (voir fiche 11).
> **Je complète** le plan du devoir à l'aide du schéma.
> **Je transforme** ma prise de notes en un texte correctement rédigé.

COMPÉTENCES D'ÉCRITURE
10 POINTS

Selon vous, l'humanité sera-t-elle dans le futur plus heureuse ou moins heureuse qu'actuellement ? Dans un développement argumenté d'une quarantaine de lignes, **répondez** à la question posée en vous appuyant sur le corpus étudié ainsi que sur vos lectures et expériences personnelles.

INTRODUCTION

Le thème à traiter : ....

La question posée : ....

....

Les thèses à confronter : ....

1. ....

2. ....

DÉVELOPPEMENT

§ 1. Thèse 1 + arguments : Certains affirment que	→ Exemples : ....
§ 2. Thèse 2 + arguments : D'autres, en revanche, soutiennent que	→ Exemples : ....
§ 3. Thèse personnelle + arguments : Quant à moi, je considère	→ Exemples : ....

CONCLUSION

Reformulation de la question posée et des thèses débattues. Réaffirmation de son avis personnel : Pour conclure, ...

....

Sujet de bac pro

TEXTE 1

Boris Vian (1920-1959), écrivain et musicien, publie son roman L'Écume des jours en 1947. Ses personnages évoluent dans un univers imaginaire proche de la science-fiction. Colin est amoureux de Chloé, tombée malade : un nénuphar pousse dans son poumon droit. La soigner coûte très cher et Colin est contraint d'accepter un surprenant travail.

– Voilà, dit l'homme. Entrez, je vais vous expliquer le travail.

Colin entra. La pièce était petite, carrée. Les murs et le sol étaient de verre. Sur le sol, reposait un gros massif de terre en forme de cercueil, mais très épais, un mètre au moins. Une lourde couverture de laine était roulée à côté, par terre. Aucun meuble. Une petite niche pratiquée dans le mur enfermait un coffret de fer bleu. L'homme alla vers le coffret et l'ouvrit. Il en retira douze objets brillants et cylindriques avec un trou au milieu, minuscule.

– La terre est stérile, vous savez ce que c'est, dit l'homme, il faut des matières de premier choix pour la défense du pays. Mais pour que les canons de fusil poussent régulièrement et sans distorsion, on a constaté depuis longtemps qu'il faut la chaleur humaine. Pour toutes les armes, c'est vrai d'ailleurs.

– Oui, dit Colin.

– Vous pratiquez douze petits trous dans la terre, dit l'homme, répartis au niveau du cœur et du foie, et vous vous étendez sur la terre après vous être déshabillé. Vous vous recouvrez avec l'étoffe de laine stérile qui est là, et vous vous arrangez pour dégager une chaleur parfaitement régulière.

Il eut un rire cassé et se tapa la cuisse droite.

– J'en faisais quatorze les vingt premiers jours de chaque mois. Ah !... J'étais fort !...

– Alors ? demanda Colin.

– Alors vous restez comme ça vingt-quatre heures et, au bout de vingt-quatre heures, les canons de fusil ont poussé. On vient les retirer. On arrose la terre d'huile et vous recommencez.

– Ils poussent vers le bas ? dit Colin.

– Oui, c'est éclairé en dessous, dit l'homme. Ils ont un phototropisme[1] positif, mais ils poussent vers le bas parce qu'ils sont plus lourds que la terre, alors on éclaire surtout en dessous pour ne pas qu'il y ait de distorsion.

– Et les rayures ? dit Colin.

– Ceux de cette espèce-là poussent tout rayés, dit l'homme. Ce sont des graines sélectionnées. [...]

– Je gagnerai bien dix doublezons[2] par jour ? dit Colin.

– Certainement, dit l'homme et une prime si vous dépassez douze canons.

Il quitta la pièce et ferma la porte. Colin tenait les douze graines dans sa main. Il les posa à côté de lui et commença à se déshabiller. Il avait les yeux fermés et ses lèvres tremblaient de temps en temps.

Boris Vian, *L'Écume des jours*, 1947, © Société Nouvelle des Éditions Pauvert 1979, 1996 et 1998, © Librairie Arthème Fayard, 1999 pour l'édition en œuvres complètes.

1. Capacité d'un organisme à s'orienter vers la lumière.
2. Monnaie en usage.

TEXTE 2

Andrée Chedid (1920-2011), romancière et poète, publie son recueil poétique,* Cérémonial de la violence, *en 1976 alors que des guerres secouent le Proche-Orient.

Honte et Deuil

Honte et Deuil

L'aube n'éclaire plus que les arènes de mort
L'ombre ne se répand que sur des coupe-gorge

Honte et Deuil

On a laissé mourir les uns sous les décombres
Et massacré les autres dans les rues et les champs

Honte et Deuil

On a pulvérisé les murs
On a éventré les portes
On a lacéré les tentes
On a saccagé les maisons

De jour en jour s'accroît le cortège des violences
De soir en soir la parole d'alliance se racornit

Honte et Deuil

De part et d'autre
Hommes Femmes Enfants
Ont succombé sous les balles
Ont péri sous le glaive
Ont expiré sans secours
Ont échoué dans des fosses

Honte et Deuil

Quel monde s'édifiera sur ce charnier ?

Andrée Chedid, « Honte et Deuil », in *Cérémonial de la violence*, 1976 © Flammarion.

DOCUMENT 3

Dobritz (né en 1956) travaille pour de nombreux journaux français et étrangers.

Dessin de Dobritz.

COMPÉTENCES DE LECTURE
10 POINTS

Présentation du corpus

1. En 3 à 6 lignes, **identifiez** la thématique et la visée communes aux éléments du corpus, puis **montrez** en quoi cependant ils diffèrent les uns des autres. **2 POINTS**
   - Thématique et visée communes : ....
   - Différences : ....

Analyse et interprétation

2. TEXTE 1. **Expliquez** en quoi le travail de Colin consiste. **Montrez** que l'extrait du roman représente un récit allégorique particulièrement émouvant. **2 POINTS**
   - Travail de Colin : ....
   - Récit allégorique émouvant : ....

3. TEXTE 2. **Justifiez** le titre du poème d'Andrée Chedid en étudiant des procédés d'écriture significatifs. Que révèle ce titre sur les sentiments de l'auteure ? **4 POINTS**
   - Procédés d'écriture significatifs : ....
   - Sentiments de l'auteure : ....

4. DOCUMENT 3. **Identifiez** les symboles représentés sur le dessin et **expliquez**-en la signification. **2 POINTS**

....

COMPÉTENCES D'ÉCRITURE
10 POINTS

Selon vous, quels modes d'expression sont les plus efficaces pour dénoncer un fléau de l'humanité : la littérature et les autres arts qui peuvent représenter symboliquement les maux de la société ou les reportages, les documentaires, les interviews qui visent à rendre compte de la « vraie » réalité ? Vous **répondrez** à cette question dans un développement argumenté d'une quarantaine de lignes. **Appuyez-vous** sur le corpus et vos lectures ainsi que sur vos connaissances et expériences personnelles.

GRILLE D'ÉVALUATION

Compétences de lecture

Question 1 — **2 POINTS**

	OUI	NON
Tous les éléments du corpus ont été pris en compte.	☐	☐
Les points communs et les différences sont identifiés et expliqués.	☐	☐
La présentation n'excède pas six lignes environ.	☐	☐

Donc ce qui unit et différencie les éléments du corpus a bien été compris.

Question 2 — **2 POINTS**

	OUI	NON
Le travail de Colin est clairement présenté.	☐	☐
L'émotion provoquée par ce récit allégorique est expliquée avec justesse.	☐	☐

Donc le récit est bien analysé et interprété.

Question 3 — **4 POINTS**

	OUI	NON
Le titre du texte est justifié par un relevé de procédés d'écriture pertinent.	☐	☐
Les sentiments de l'auteure induits par le titre du poème sont identifiés.	☐	☐

Donc les effets d'écriture du poème sont bien analysés et interprétés.

Question 4 — **2 POINTS**

	OUI	NON
Les symboles sont identifiés et expliqués.	☐	☐
Le message induit est clairement formulé.	☐	☐

Donc les intentions du dessinateur sont clairement présentées et justifiées.

NOTE : ... / 10

Compétences d'écriture

Argumentation — **4 POINTS**

	OUI	NON
Les avis en délibération sont explicitement formulés.	☐	☐
La thèse soutenue personnellement est explicite.	☐	☐
Les arguments sont en nombre suffisant (au moins 3) et convaincants.	☐	☐
Les exemples sont variés et en cohérence avec les arguments.	☐	☐

Donc l'argumentation est riche et convainc.

Organisation — **3 POINTS**

	OUI	NON
La mise en page du devoir correspond à une délibération.	☐	☐
Des connecteurs logiques enchaînent les arguments et les exemples.	☐	☐
Les exemples sont bien insérés dans le développement.	☐	☐

Donc l'argumentation est bien construite et le raisonnement rigoureux.

Expression — **3 POINTS**

	OUI	NON
La construction des phrases et la ponctuation sont correctes.	☐	☐
Les accords grammaticaux sont respectés.	☐	☐
Les verbes sont bien conjugués.	☐	☐
Le vocabulaire est précis et adapté à la situation de communication.	☐	☐

Donc l'argumentation se lit aisément.

NOTE : ... / 10

NOTE GLOBALE : ... / 20

Les mises en scène de la parole publique

ÉTAPE 1 Analyser la photographie d'une cérémonie

Malala Yousafzay est une jeune Pakistanaise luttant pour le droit à l'éducation des jeunes filles. Elle a obtenu en 2014, à 17 ans, le prix Nobel de la paix. Elle reçoit ici, le 22 octobre 2014, la médaille de la Liberté décernée chaque année à Philadelphie, aux États-Unis.

1. **Complétez** le tableau afin d'analyser les effets scéniques.

	Éléments dénotés	Connotations
Le plateau	• Le mur de scène : ... • Sur les côtés : ... • Au centre : ...	...
L'oratrice	• Son costume : ... • Sa gestuelle : ... • Son positionnement : ...	...
Le public	...	...
Les effets de lumière	...	...

ÉTAPE 2 Analyser la communication de la parole politique

Ainsi se développe la politique de l'image, qui remplace aujourd'hui la politique du programme ou la politique du parti. […] La forme prime le fond. Et la manière de le dire importe plus que ce qu'on dit. Pour eux[1], le style compte plus que le contenu. Il peut même en tenir lieu. […]

La communication non verbale importe autant, voire plus, que le discours politique. Elle se fonde sur l'apparence physique, l'expression des traits et du visage, les regards, les gestes, les mimiques, la tonalité et l'inflexion de la voix. […]

26 septembre 1960. Campagne présidentielle. Nixon et Kennedy s'affrontent dans un premier duel radiotélévisé. Le candidat républicain n'a rien pour séduire : peau très pâle et barbe naissante, traits tirés par la fatigue due à une récente hospitalisation, refus de recourir au maquilleur de CBS[2], costume gris clair qui se confond avec le fond du décor de même tonalité. En revanche, JFK[3] – teint naturellement hâlé, chemise bleue, costume gris foncé, langage fluide et sobre – se comporte avec une conscience aiguë des exigences de la télévision.

Les sondages réalisés après ce premier duel sont éclairants. Ceux qui écoutèrent le débat à la radio estimèrent que les deux candidats en sortaient presque à égalité. Au contraire, tous ceux qui l'avaient suivi à la télévision pensèrent que Nixon s'était mal tiré d'affaire et même très mal, de l'avis de beaucoup.

R.-G. Schwartzenberg, *La Politique mensonge*, © Éditions Odile Jacob, 1998.

1. Les spécialistes de la communication.
2. Un des plus importants réseaux de radio et de télévision des États-Unis.
3. John Fitzgerald Kennedy.

2. Encadrez la phrase exprimant la thèse de l'auteur. **Surlignez** celle qui présente l'argument. **Soulignez** quelques exemples.

3. Relevez dans le tableau des indices qui décrivent le comportement de Nixon et de Kennedy. **Formulez** les effets obtenus.

Éléments non verbaux	Exemple de Nixon	Exemple de Kennedy	Effets obtenus
Apparence physique			
Habillement			
Tonalité et voix			

4. Comparez la mise en scène d'un débat en 1960 et aujourd'hui.

BLOC-NOTES

Les médias et la parole publique au XXIe siècle

- La médiatisation de la parole publique est très importante de nos jours : la **radio**, la **télévision** et **Internet** sont les principaux vecteurs de cette parole.
- Les réalisateurs traitent la parole publique comme un **spectacle** à monter : ils choisissent le **décor**, les **effets de lumière**, le **cadrage des prises de vue**…
- Les **images** sont aussi importantes que les **mots** : les orateurs travaillent leur voix, leur gestuelle, leurs mimiques, leur façon de s'habiller.

Classe : ....
Nom : ....
Date : ..../........../........

À la tribune de citoyens militants

ÉTAPE 1 Découvrir et analyser un discours

Célia Blauel, maire adjointe à la mairie de Paris en charge de l'environnement, présente les enjeux du réchauffement climatique lors du conseil municipal des 7, 8 et 9 juillet 2014.

Madame la maire, chers collègues,

En décembre 2015, la France accueillera à Paris la Conférence des parties à la Convention-cadre des Nations unies sur le changement climatique, la COP 21[1] […]. Dans son 5e rapport, le Groupe intergouvernemental d'experts sur le climat[2] confirme que sans une mobilisation importante de tous les acteurs pour lutter contre le réchauffement climatique, la température du globe pourrait augmenter de l'ordre de 3 à 6 degrés d'ici à la fin du XXIe siècle. D'ores et déjà, les douze années les plus chaudes jamais enregistrées au cours de l'histoire de l'humanité ont eu lieu ces quinze dernières années, et les calottes glaciaires et les glaciers continuent de fondre pendant que le niveau des océans ne cesse d'augmenter. Les conséquences du réchauffement climatique seraient dramatiques : à l'échelle mondiale, plusieurs milliards de personnes verraient leur accès à l'eau menacé ; […] des conflits certains pour l'accès aux ressources, y compris les terres ou les ressources alimentaires, pourraient apparaître. […]

Nous pouvons encore inverser le processus d'accroissement des émissions de gaz à effet de serre et éviter un dérèglement climatique aux conséquences tragiques. Cet espoir et cette opportunité nous obligent à agir, et à agir maintenant. Agir en faveur de la transition écologique. Agir dans le sens d'une transformation de notre modèle de développement. […]

Célia Blauel, discours publié le 11 juillet 2014 sur le site paris.eelv.fr/category/conseil-paris

1. La France est le pays hôte de la 21e Conférence climat en 2015.

2. Le GIEC est un organisme intergouvernemental composé d'experts, lié à l'ONU. Il évalue de manière méthodique et objective les informations relatives au changement climatique.

1. Caractérisez la situation de communication (qui parle ? à qui ? où ? de quoi ? pourquoi ?).

....

....

....

2. Analysez l'argumentaire présenté dans le discours.

Thèse soutenue :	
Arguments :	Exemples :
....	....
....	....
....	....
....	....

3. Soulignez les procédés qui suggèrent un discours : pronoms personnels, répétitions.

ÉTAPE 2 Observer et caractériser une page de blog

Nicolas Hulot, journaliste et animateur à la télévision, fonde en 1990 la « Fondation Nicolas Hulot pour la nature et l'homme » et sensibilise le public aux questions écologiques par des articles réguliers. La Journée mondiale de l'environnement, initiée par l'ONU en 1972, est organisée chaque 5 juin.

FONDATION NICOLAS HULOT POUR LA NATURE ET L'HOMME — le blog

SOCIÉTÉ ENGAGEMENT

- **VEILLE** ÉCOLOGIQUE
- **PARLONS** SOLUTIONS
- **LIRE** ET DÉCOUVRIR
- **AGENDA**
- **SPÉCIALE** ÉNERGIE
- LE SITE OFFICIEL DE LA FONDATION FONDATION-NICOLAS-HULOT.ORG
- FAITES UN DON !

ECOUTEZ

VOTEZ POUR CET ARTICLE : MOYENNE : 1 vote

JOURNÉE MONDIALE DE L'ENVIRONNEMENT 2014

LE 05/06/2014

10

Aujourd'hui, 5 juin, c'est la **Journée mondiale de l'environnement**, l'occasion pour nous de faire un petit point sur l'une des conséquences du **changement climatique**.

Cette année, sous l'égide de l'ONU, les petits États insulaires en voie de développement sont au cœur de cette journée.

La **hausse du niveau des mers** devrait être comprise entre 29 et 82 centimètres d'ici la fin du XXIe siècle. Une hausse d'un mètre du niveau des mers **toucherait directement 1 personne sur 10 dans le monde, 600 à 700 millions de personnes**.

Les premiers concernés sont les habitants des petites îles […].

Une carte de l'Asie met en image la situation dans le cas où l'ensemble des territoires glaciaires fondrait. […] Mais des villes, telles que la mégalopole de Shanghai, qui abrite aujourd'hui plus de 20 millions d'habitants, pourraient passer sous le niveau de la mer.

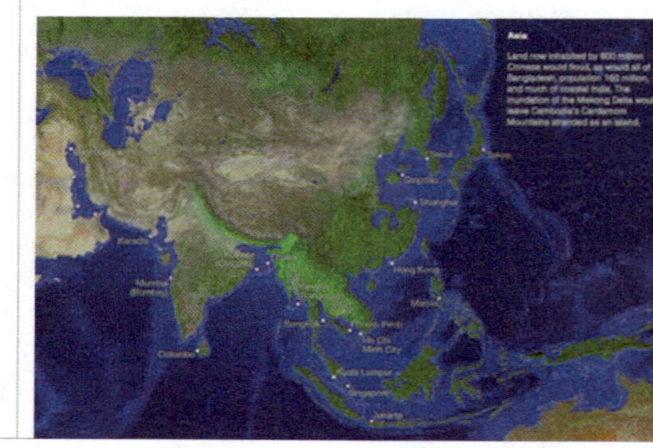

http://www.fondation-nicolas-hulot.org/blog/journee-mondiale-de-l-environnement-2014.

4. Formulez en une phrase la thèse défendue par Nicolas Hulot.

....

....

5. Classez dans le tableau tous les moyens utilisés pour mettre en scène le message et convaincre.

Arguments écrits	Moyens visuels	Moyens sonores	Autres
....	....	....	....
....	....	....	....
....	....	....	....
....	....	....	....
....	....	....	....
....	....	....	....

ÉTAPE 3 Lire et analyser une lettre ouverte

125 scientifiques du monde entier adressent au secrétaire général de l'ONU, en novembre 2012, une lettre ouverte, publiée dans un quotidien américain.

À Son Excellence, Ban Ki-Moon, secrétaire général des Nations unies
First Avenue and East 44th Street, New York, New York, USA,
29 novembre 2012.

M. le secrétaire général,

Le 9 novembre de cette année, vous avez dit à l'Assemblée générale[1] : « Des conditions de météo extrêmes dues au changement climatique sont devenues la norme. [...] Notre défi demeure clair et urgent : réduire les émissions de gaz à effet de serre, pour renforcer l'adaptation aux [...] chocs climatiques encore plus importants [...] et parvenir à un accord légal avant 2015. [...] Cela devrait être une des leçons primordiales tirée de l'ouragan Sandy. »

Le 13 novembre, vous avez dit à Yale : « La science est claire ; nous ne devrions plus perdre de temps sur ce débat. » [...]

Nous soussignés, qualifiés sur les problématiques liées au climat, souhaitons vous faire part du fait que les connaissances scientifiques actuelles n'accréditent pas vos déclarations.

Le Met Office[2] britannique a récemment publié des données montrant qu'il n'y a pas eu de réchauffement climatique statistiquement signifiant depuis bientôt seize ans. Durant cette période, d'après la National Oceanic and Atmospheric Administration (NOAA)[3] américaine, les concentrations de dioxyde de carbone (CO_2) ont augmenté de 9 % pour constituer maintenant 0,039 % de l'atmosphère. Le réchauffement climatique qui ne s'est pas produit ne peut pas avoir causé les conditions météorologiques extrêmes de ces dernières années. Comment, quand et dans quelle mesure un réchauffement atmosphérique pourrait reprendre est une question encore en suspens. La science n'est pas claire. [...]

Tribune signée par 125 scientifiques du monde entier, parue initialement dans le *Financial Post* le 30 novembre 2012, trad. V. Ngo-Contrepoints.

1. L'Assemblée générale des Nations unies qui siège à New York.
2. Le service national météorologique britannique.
3. L'agence américaine responsable de l'étude des océans et de l'atmosphère.

6. Complétez le tableau suivant.

Situation de communication	Thèses	Arguments (contenu, type)	Procédés rhétoriques
....	• Thèse réfutée : .... • Thèse défendue :	....	....

7. Définissez ce qu'est une lettre ouverte.

....
....
....
....

BILAN DU GROUPEMENT

Présenter le corpus

Titre du groupement : ....
....
Thème commun : ....
....
Problématique : ....
....

	Support 1	Support 2	Support 3
Auteur(s)	....	....	....
Mode d'expression	....	....	....
Contexte de communi-cation	....	....	....
Date	....	....	....

Synthétiser les lignes de force du groupement

Des thèses opposées

- Supports 1 et 2 : ....
- Support 3 : ....

Les argumentaires des intervenants et les effets produits

Arguments d'autorité (exemples)

- Support 1 : ....
- Support 2 : ....
- Support 3 : ....

Arguments d'expérience (exemples)

- Support 1 : ....

Les effets produits

....

Réagir à propos du corpus

- **Choisissez** le texte du corpus qui vous a le plus marqué et **justifiez** brièvement votre choix.

....

BLOC-NOTES

Les tribunes de la parole publique

› Le **discours** est le développement oratoire d'un message devant un public à l'occasion d'un événement, dans des **lieux institutionnels** (assemblées, parlements…) ou **improvisés** (rues, parcs…).

› Le **blog** est un **outil de publication personnel** sur Internet qui, grâce à des hyperliens et la possibilité d'écrire des commentaires, instaure une **interactivité**.

› La **lettre ouverte** est un texte qui, adressé à une personne précise, est publié pour être lu par **un public** plus large. Elle exprime les **opinions** d'une personne ou d'un groupe.

Les effets de soulignement et d'effacement

OBSERVATION Caractériser les procédés

L'appel à la radio de l'abbé Pierre, fondateur du mouvement Emmaüs

Mes amis, au secours…
Une femme vient de mourir gelée, cette nuit à 3 heures, sur le trottoir du boulevard Sébastopol, serrant sur elle le papier par lequel, avant-hier, on l'avait expulsée. Chaque nuit, ils sont plus de 2 000 recroquevillés sous le gel, sans toit, sans pain, plus d'un presque nu. Devant l'horreur, les cités d'urgence, ce n'est même plus assez urgent !
Écoutez-moi ! En trois heures, deux premiers centres de dépannage viennent de se créer […]. Ils regorgent déjà, il faut en ouvrir partout. Il faut que ce soir même, dans toutes les villes de France, dans chaque quartier de Paris, des pancartes s'accrochent sous une lumière dans la nuit, à la porte de lieux où il y ait couvertures, paille, soupe, et où l'on lise sous ce titre « centre fraternel de dépannage » ces simples mots : « Toi qui souffres, qui que tu sois, entre, dors, mange, reprends espoir, ici on t'aime ».
La météo annonce un mois de gelées terribles. Tant que dure l'hiver, que ces centres subsistent, devant leurs frères mourant de misère, une seule opinion doit exister entre hommes : la volonté de rendre impossible que cela dure. […] Je vous prie, aimons-nous assez tout de suite pour faire cela. Merci ! Chacun de nous peut venir en aide aux « sans-abri ».

Abbé Pierre, discours prononcé le 1er février 1954 sur Radio Luxembourg.

1. Présentez le message de l'abbé Pierre.

Qui parle ? / À qui ?	Quand ?	De qui ?	Pourquoi ?	De quelle manière ?
....	....	....	....	....

2. Complétez le tableau en illustrant chaque procédé par des exemples pris dans l'appel.

	Procédés de soulignement	Procédés d'effacement
Énonciation	• 1re personne :	• 3e personne du pluriel : .... • Pronom indéfini : ....
Phrases	• Impératives : .... • Injonctives : .... • Exclamatives : .... • Répétitions :	• Phrases déclaratives : .... • Tournures verbales impersonnelles : .... • Phrase nominale : ....
Lexique	• De l'émotion :	• de la description : ....

ENTRAÎNEMENT Différencier et analyser les procédés de l'éloquence

EXO 1 **Identifiez** les procédés d'éloquence utilisés dans ce discours. **Complétez** la légende en choisissant dans la liste les termes qui conviennent : *hyperbole, répétition, parallélisme de construction, métaphore, allégorie, énumération (gradation ascendante).*

Dominique de Villepin, alors ministre français des Affaires étrangères, prononce un discours à l'ONU pour défendre la paix au moment où les États-Unis interviennent en Irak.

Monsieur le président, […] Dans ce temple des Nations unies, nous sommes les gardiens d'un idéal, nous sommes les gardiens d'une conscience. La lourde responsabilité et l'immense honneur qui sont les nôtres doivent nous conduire à donner la priorité au désarmement dans la paix.

Et c'est un vieux pays, la France, d'un vieux continent comme le mien, l'Europe, qui vous le dit aujourd'hui, qui a connu les guerres, l'occupation, la barbarie. Un pays qui n'oublie pas et qui sait tout ce qu'il doit aux combattants de la liberté venus d'Amérique et d'ailleurs. Et qui pourtant n'a cessé de se tenir debout face à l'Histoire et devant les hommes.

Dominique de Villepin, 14 février 2003.

…	…	~~~~ ....
…	…	____ ....

EXO 2 **Encadrez** les éléments du texte qui montrent l'effacement de l'oratrice dans le discours.

Je voudrais tout d'abord vous faire partager une conviction de femme – je m'excuse de le faire devant cette assemblée presque exclusivement composée d'hommes : aucune femme ne recourt de gaieté de cœur à l'avortement. Il suffit d'écouter les femmes. C'est toujours un drame et cela restera toujours un drame. C'est pourquoi, si le projet qui vous est présenté tient compte de la situation de fait existante, s'il admet la possibilité d'une interruption de grossesse, c'est pour la contrôler et, autant que possible, en dissuader la femme.

Simone Veil, 26 novembre 1974, discours devant les députés pour présenter la loi relative à l'avortement.

ÉCRIRE

Sur une feuille indépendante, **rédigez**, à partir de l'image, un discours bref dénonçant le travail des enfants. **Utilisez** des effets de soulignement et d'effacement.

Enfant travaillant dans une usine de ballons au Bangladesh.

BLOC-NOTES

Les effets de soulignement

- L'orateur **parle à la 1re personne**, **apostrophe** le public à la **2e personne** : *Messieurs, je vous…*
- La **répétition** met en valeur une idée, établit un **parallélisme** (*je dis que…, je dis que…*).
- L'**hyperbole** exagère une idée : *fabuleux*.
- Des **phrases interrogatives** interpellent et des **phrases exclamatives** expriment les émotions.
- Des **images poétiques** et le **lexique de l'émotion** impressionnent le public (*mourant de misère*).

Les effets d'effacement

- L'orateur s'efface en utilisant la **3e personne**, le **« on »** de généralisation, des **tournures impersonnelles** (*il faut que*), des verbes à la **forme passive** (*la loi est présentée*), des **phrases nominales** (*la volonté de…*).
- Il peut aussi employer le **présent de vérité générale** : *c'est toujours un drame.*

« L'Heure de l'ouvrier » de Bertolt Brecht

ÉTAPE 1 Découvrir le début de la saynète

Bertolt Brecht écrit Grand-peur et misère du* III*e* *Reich entre 1934 et 1938 à partir de coupures de presse. Cette pièce est composée de 24 saynètes qui dressent un portrait de la société allemande depuis l'avènement au pouvoir d'Hitler en 1933 jusqu'à la veille de la guerre.

TEXTE INTÉGRAL

Leipzig[1], 1934. Le bureau du directeur d'une usine. Un speaker portant un micro s'entretient avec un vieil ouvrier, un ouvrier d'âge moyen et une ouvrière. Dans le fond, un monsieur de la direction et un individu de carrure athlétique en uniforme de SA[2].

LE SPEAKER – Nous sommes au milieu de volants et de courroies qui roulent et qui tournent, entourés de camarades qui travaillent avec une ardeur inlassable, apportant leur contribution à cette grande entreprise : fournir à notre chère patrie tout ce dont elle a besoin. Nous visitons ce matin les filatures Fuchs. Et bien que le travail soit dur, bien que les muscles soient tendus, nous ne voyons autour de nous que des visages joyeux, que des visages heureux. Mais laissons parler nos camarades eux-mêmes. *Au vieil ouvrier.* Vous êtes depuis vingt et un ans dans l'usine, monsieur…

LE VIEIL OUVRIER – Sedelmaier.

Bertolt Brecht, *Grand-peur et misère du* III*e* *Reich*, 1934-1938, trad. M. Regnaut et A. Steiger, © L'Arche Éditeur, 1974.

1. Ville au nord-est de l'Allemagne.

2. Section d'assaut : organisation paramilitaire du régime nazi. Leur uniforme était composé d'une chemise brune.

1. **Présentez** l'intrigue théâtrale.

Où ?	Quand ?	Personnages	Que se passe-t-il ?
....	....	....	....
....	....	....	....
....	....	....	....

2. **Surlignez** dans les propos du speaker les mots et expressions utilisés pour présenter la vie et le travail dans l'usine. **Qualifiez** l'image que le speaker veut en donner et **dites** pourquoi.

....

....

3. **Expliquez** les différences entre la didascalie initiale et la mise en scène. Pourquoi ce choix ?

• Différences : ....

• Interprétation : ....

ÉTAPE 2 Analyser la manipulation du speaker et ses effets

SUITE DU TEXTE INTÉGRAL

LE SPEAKER – Monsieur Sedelmaier. Et bien, monsieur Sedelmaier, comment se fait-il que nous ne voyions sur ces visages que gaieté et que bonne humeur ?

LE VIEIL OUVRIER, *après un instant de réflexion* – Ils sont tout le temps à se raconter des histoires drôles.

LE SPEAKER – Bien. Certes, et les plaisanteries enjouées rendent le travail facile, n'est-ce pas ? Le national-socialisme ne connaît pas le pessimisme ennemi de la vie, c'est ce que vous pensez. Autrefois, il en allait autrement, n'est-ce pas ? [...] À l'époque du système[1], il n'y avait pour les ouvriers aucun motif de se réjouir, c'est ce que vous pensez. C'est bien alors qu'ils pouvaient se demander : pourquoi travaillons-nous !

LE VIEIL OUVRIER – Oui, il y en a quelques-uns ici qui se le demandent.

LE SPEAKER – Vous dites ? Ah oui, vous faites allusion à ces rouspéteurs qui, à chaque pas, se mettent au travers. Mais ils se font de plus en plus rares, ils comprennent que cela ne sert à rien, que dans le Troisième Reich, depuis qu'il y a de nouveau une poigne solide, tout est en plein essor. *À l'ouvrière.* C'est aussi ce que vous voulez dire, mademoiselle...

L'OUVRIÈRE – Schmidt.

LE SPEAKER – Mademoiselle Schmidt. Auquel de nos géants d'acier travaillez-vous ?

L'OUVRIÈRE, *récitant par cœur* – Et il y a aussi la décoration des ateliers, un travail qui nous donne beaucoup de joie. Nous devons le portrait du Führer à une collecte spontanée, et nous en sommes très fiers. Tout comme les pots de géranium qui, dans la grisaille des ateliers, apportent l'enchantement de la couleur, une initiative de mademoiselle Kinze.

LE SPEAKER – Ainsi vous décorez les ateliers avec des fleurs, ces gracieuses filles des champs ? Et sans doute y a-t-il eu encore bien d'autres transformations dans l'usine, depuis que le destin de l'Allemagne a changé de face ?

LE MONSIEUR DE LA DIRECTION, *soufflant* – Les lavabos.

L'OUVRIÈRE – Les lavabos sont une idée de monsieur le directeur Bäuschle en personne, et nous désirons l'en remercier de tout notre cœur. Celui qui le veut peut se laver dans ces magnifiques lavabos, quand il n'y a pas trop de monde, trop de bousculade.

LE SPEAKER – Oui, chacun veut arriver le premier, n'est-ce pas ? D'où chaque fois un joyeux charivari[2] ?

L'OUVRIÈRE – Il n'y a que six robinets pour cinq cent cinquante-deux ouvriers. À chaque fois, c'est un beau vacarme. Certains sont d'une insolence !

Bertolt Brecht, *Grand-peur et misère du III*e *Reich*, 1934-1938, trad. M. Regnaut et A. Steiger, © L'Arche Éditeur, 1974.

1. Il s'agit de l'ancienne organisation politique et sociale de la République.

2. Désordre.

4. Encadrez, dans les répliques du speaker, les expressions qui montrent qu'il parle à la place des ouvriers. **Expliquez** pourquoi il s'agit de questions oratoires.

5. Surlignez et **résumez** les messages de propagande du speaker sur l'Allemagne nazie.

6. Soulignez les indications scéniques montrant que la parole des ouvriers n'est pas libre.

7. Dites quelle erreur commet l'ouvrière. **Citez** la phrase où elle veut se racheter.

ÉTAPE 3 Interpréter la saynète et en débattre

Forcé à la fuite, Brecht quitte l'Allemagne en 1933 : ses œuvres sont interdites puis brûlées. Après le Danemark et la Finlande, il rejoint les États-Unis en 1941.

SUITE DU TEXTE INTÉGRAL

LE SPEAKER – Mais tout s'arrange avec la bonne volonté générale. Et maintenant, monsieur – mais quel est votre nom ? – veut nous dire encore quelque chose ?

L'OUVRIER – Mahn[1].

LE SPEAKER – Mahn. Monsieur Mahn. Dites-moi, monsieur Mahn, est-ce que les nombreuses innovations qui ont été faites dans l'usine ont une influence sur l'esprit de vos camarades de travail ?

L'OUVRIER – Que voulez-vous dire ?

LE SPEAKER – Eh bien, est-ce que vous vous réjouissez de voir que de nouveau toutes les roues tournent, que tous les bras ont du travail ?

L'OUVRIER – Sans doute.

LE SPEAKER – Et que de nouveau, en fin de semaine, chacun peut ramener sa paye à la maison. Cela non plus nous ne l'oublierons pas.

L'OUVRIER – Non.

LE SPEAKER – Il n'en a pas toujours été ainsi. À l'époque du système, nombreux étaient les camarades qui devaient prendre le chemin amer du bureau de bienfaisance[2]. Et s'arranger d'une aumône.

L'OUVRIER – Dix-huit marks cinquante. Sans aucune retenue.

LE SPEAKER, *avec un rire apprêté* – Ha, ha, ha ! Excellente plaisanterie ! On ne pouvait pas retenir beaucoup.

L'OUVRIER – Non, aujourd'hui on peut davantage.

Le monsieur de la direction avance nerveusement ainsi que l'individu athlétique en uniforme de SA.

LE SPEAKER – Oui, tout le monde a de nouveau du travail et du pain dans le Troisième Reich, vous avez pleinement raison, monsieur, quel est votre nom ? Plus une seule roue inactive, plus un seul bras qui se rouille, dans l'Allemagne d'Adolf Hitler. *Il écarte brutalement l'ouvrier du micro.* Dans une joyeuse collaboration le travailleur intellectuel et le travailleur manuel se lancent dans la reconstruction de notre chère patrie allemande. *Heil Hitler* !

FIN

Bertolt Brecht, *Grand-peur et misère du IIIe Reich*, 1934-1938, trad. M. Regnaut et A. Steiger, © L'Arche Éditeur, 1974.

1. En allemand, ce mot signifie « homme ».
2. Lieu où est organisée l'aide pour les pauvres.

8. Expliquez pourquoi le speaker « écarte brutalement l'ouvrier du micro ». **Précisez** ce que symbolise ce geste.

9. Qualifiez le ton et la mimique du speaker dans sa dernière réplique.

10. Exposez quelle était l'intention de Bertolt Brecht en écrivant cette saynète.

11. Montrez que cette saynète met doublement la parole en spectacle :
- par son genre littéraire :
- par l'intrigue :

BILAN DE LECTURE (TEXTE INTÉGRAL)

Présenter l'œuvre

- Auteur : ....
- Titre de la saynète : ......
....
- Date de création : ....
....
- Genre littéraire : ....
- Registre : ....
....

- Résumé : ....
....
....
- Problématique : ....
....
- Mots-clés : ....
....
....

Synthétiser les lignes de force de l'œuvre

Des relations entre dominants et dominés

- Le speaker : ....
....
- Les ouvriers : ....
....
....
- Les autres personnages : ....
....
....

Une saynète qui démonte la mécanique de la propagande et de la manipulation

- La répartition de la parole : ....
....
....
- La formulation de l'interview : ....
....
- Les répliques des ouvriers : ....
....

Une saynète qui dénonce un système

....
....

Exprimer un jugement

- La parole peut-elle être dangereuse et aller jusqu'à la manipulation ? **Rédigez** votre opinion.

....
....

BLOC-NOTES

Le spectacle théâtral : un instrument de propagande ou de liberté

> Le théâtre est un genre fondé sur la **prise de parole** : le contenu et l'expressivité des **répliques** font exister les personnages. Le **comédien**, à travers son jeu, transmet une émotion et peut créer une identification au personnage : le théâtre peut devenir ainsi un instrument de propagande.

> Brecht défend une nouvelle conception du théâtre : au lieu d'inciter le spectateur à s'identifier aux personnages, il veut maintenir en éveil sa conscience critique. C'est un **théâtre de la distanciation**, refusant l'**illusion théâtrale** : différents procédés (jeu exagéré, masques...) empêchent le public d'adhérer à ce qu'il voit et le poussent à conserver sa **liberté de jugement**.

Implicites, sous-entendus et lieux communs

OBSERVATION Comprendre les dits et les non-dits dans un dialogue théâtral

Un extrait de saynète

Le rideau s'ouvre. Hector et Simone sont debout au milieu de la scène, en proie à une vive discussion. Hector va et vient nerveusement. Simone le suit des yeux avec un regard mauvais. Les rideaux de la fenêtre sont à demi tirés. La pièce est dans la pénombre.

HECTOR – On ne m'y reprendra pas de sitôt, je t'en réponds !
SIMONE – C'est bien vite dit !
HECTOR – C'est encore plus vite fait !
SIMONE – Je t'en défie !
HECTOR – C'est ce que nous verrons !
SIMONE, *haussant les épaules* – À ta place, j'y renoncerais tout de suite !
HECTOR, *bondissant* – Y renoncer, moi ! Après tout ce qui s'est passé ! Jamais, entends-tu, jamais !... Et c'est toi qui me donnes ce... conseil !... Ah merci, merci vraiment !
SIMONE – Je te préviens une dernière fois : tu fais fausse route. Et il t'en cuira, oui il t'en cuira, je t'assure !
HECTOR – Et moi je t'assure que l'affaire n'en restera pas là ! Ce serait trop simple !... Trop simple, vraiment !

Jean Tardieu, « Eux seuls le savent », recueilli dans *Théâtre de chambre*, © Éditions Gallimard.

1. Exprimez l'implicite que suggère la didascalie initiale de la saynète.

- Sur le genre théâtral :

☐ comédie ☐ drame ☐ tragédie

- Sur les relations entre les personnages : ....
....
....
- Sur le sujet de l'intrigue : ....
....
....

Justifiez vos choix : ....
....
....
....

2. Expliquez les sous-entendus ci-dessous.
Les mots-clés des répliques sont encadrés.

- Hector – Après [tout] ce qui s'est passé ! ....
....
....
- Hector – Et c'est [toi] qui me donnes ce... conseil ! ....
....
....

3. Dites pourquoi les deux citations sont des lieux communs, puis **exprimez** leur signification implicite. **Aidez-vous** du Bloc-notes au verso.

Lieux communs	Pourquoi ?	Sens implicite ?
• « C'est ce que nous verrons ! » • « Je t'assure que l'affaire n'en restera pas là ! »	....	....

4. Justifiez l'intérêt des sous-entendus et lieux communs dans ce début de saynète.
....

ENTRAÎNEMENT Analyser et interpréter des dits et non-dits

EXO 1 **Dégagez** l'implicite culturel de chaque proverbe.

a. Les petits ruisseaux font les grandes rivières. ....

....

b. Un tiens vaut mieux que deux tu l'auras. ....

....

c. Pierre qui roule n'amasse pas mousse. ....

....

EXO 2 **Soulignez** dans les *Brèves de comptoir* de Jean-Marie Gourio ce qui représente un lieu commun. **Entourez** ce qui est détourné. **Qualifiez** l'effet produit.

a. « Ils disent que c'est à consommer avec modération. Jusqu'à preuve du contraire, je consomme avec qui je veux. »

b. « La vie c'est court, et pourtant une heure c'est long. »

c. « Le vrai chanteur, c'est le chanteur sans micro, le vrai penseur, c'est le penseur sans micro-ordinateur. »

d. « Je préfère être vivant et en bonne santé que vivant et malade. »

L'effet produit est ....

EXO 3 **Présentez** l'implicite de cette réplique grâce aux sous-entendus des mots soulignés.

« Guy, s'il te plaît… maintenant il faut que je rentre. Si. Tous ces mots, toutes ces phrases n'ont plus de sens… Non je ne suis pas cruelle, j'essaie tout simplement… […] Oh Guy je t'en supplie, ne sois pas de mauvaise foi… Mon Dieu pourquoi tout est si compliqué !… »

Jean-Michel Ribes, *Monologues, bilogues, trilogues*, © Actes Sud, 1997.

....

....

....

ÉCRIRE

Sur une feuille indépendante, **terminez** les répliques et **poursuivez** la saynète.

MONSIEUR A, *avec chaleur* – Oh ! Chère amie. Quelle chance de vous…

MADAME B, *ravie* – Très heureuse, moi aussi. Très heureuse de… vraiment oui !

MONSIEUR A – Comment allez-vous, depuis que… ?

MADAME B, *très naturelle* – Depuis que ? Eh bien ! J'ai continué, vous savez, j'ai continué à…

Jean Tardieu, « Finissez vos phrases », in *La Comédie du langage*, © Éditions Gallimard, 1987.

BLOC-NOTES

L'implicite, les sous-entendus et les lieux communs

› L'**explicite** d'un message est ce qui est **oralement dit** ou **textuellement écrit**.

› L'**implicite** d'un message est compris par son **contexte** et les **complicités culturelles** entre les interlocuteurs. *« Le rideau s'ouvre » suggère pour un spectateur occidental que la pièce commence.*

› Le **sous-entendu** d'un message est **évoqué** par certains mots. Ces mots sont les **indices** d'un « **sous-texte** » non explicitement exprimé. *Tu es encore là ! → Tu aurais dû partir…*

› Les **lieux communs** (**clichés**, **expressions toutes faites**…) sont des messages **explicitement vides de sens** car trop banaux et utilisés. Pourtant, ils révèlent parfois un **implicite chargé de significations**. *Il n'y a pas de fumée sans feu. → Il y a une cause à toute chose même si on ne la connaît pas.*

Exprimer son émotion sur un spectacle

DÉCOUVERTE Observer différents types de spectacle

A. Un concert

B. Un film

C. Une émotion au cinéma

Quand j'étais enfant, le cinéma a touché un point sensible au centre de mes émotions d'une manière qu'aucun art n'a pu égaler, du moins aussi rapidement et immédiatement. [...] Je me réunissais avec ma famille pour voir la diffusion annuelle du *Magicien d'Oz* [...] et, pile au moment où la méchante sorcière de l'Ouest apparaissait à l'image, je courais en criant dans mon lit, je me recouvrais le visage d'oreillers, puis je donnais des coups de pied dans le vide et pleurais d'horreur. [*Plus tard*,] le cœur fendu de tristesse, j'ai regardé la dernière scène où un garçon rêve dans son lit du faon sacrifié qu'il avait aimé. Je ne pouvais plus bouger pendant des jours, immobilisé par le sentiment de la perte. Je pleure au cinéma. [...] Je pleure et je souris à ma voisine dont les larmes coulent le long du visage. Je l'aime.

Thurston Moore[1], in *Les Cahiers du cinéma*, n° 700, mai 2014.

1. Musicien américain, membre du groupe de rock Sonic Youth.

1. Nommez les émotions éprouvées par Thurston Moore et **surlignez** les actions ou réactions provoquées par ces émotions.

2. Choisissez, parmi les trois supports présentés, le spectacle qui vous attire le plus. **Exprimez** oralement ce que vous ressentez. **Aidez-vous** de la liste d'émotions proposée : *admiration, surprise, déception, joie.*

D. Une pièce de théâtre

RÉDACTION Exprimer les émotions ressenties lors d'un spectacle

VOTRE SUJET

Les mises en spectacle sont de nos jours très diverses (cinéma, théâtre, concert, danse, cirque, *stand-up*…). Choisissez un spectacle qui vous a particulièrement plu, présentez-le et exprimez en une dizaine de lignes ce que vous avez ressenti lorsque vous y avez assisté.

- Vous énoncez votre texte à la 1re personne.
- Vous présentez dans l'introduction le spectacle choisi.
- Vous exprimez toutes les émotions que vous avez ressenties aux différents moments du spectacle.
- Vous précisez au fur et à mesure les réactions physiques que ces sentiments ou émotions ont provoquées.

Le point sur l'objet d'étude

BILAN

BILAN 1 Synthétiser ses connaissances

Dans les médias

- La télévision : ....
- La radio : ....
- Internet : ....

Au théâtre

- Éléments du texte aidant à la mise en spectacle : ....
- Créateurs du spectacle : ....
- Autres professionnels concernés : ....
- Visées : ....
- Un exemple : ....

La parole en spectacle

Les discours oratoires

- Lieux d'expression : ....
- Auteurs : ....
- Thèmes : ....
- Procédés d'expression les plus courants : ....
- Visées : ....
- Un exemple : ....

Les points communs entre ces mises en spectacle de la parole

Les éléments essentiels pour que le spectacle de la parole soit réussi : ....

BILAN 2 Répondre aux interrogations du programme

A. Dans le dialogue, utilisons-nous seulement des mots?

- Non, car l'homme utilise d'autres moyens de communication que les mots.
- Premier argument : les attitudes, les mimiques et les gestes viennent appuyer, consciemment ou inconsciemment, la parole.
- Second argument : le costume de celui qui parle apporte également une force ou un sens particulier aux mots qu'il prononce.
- Un exemple : Malala emploie pour communiquer des gestes particuliers (mains en avant). Son vêtement traditionnel appuie son discours car il est symbolique de ses origines et de sa situation.

→ Voir la fiche : fiche 32 sur Malala.

B. Comment la mise en scène de la parole fait-elle naître des émotions (jusqu'à la manipulation)?

- Procédé 1 : ...
- Exemple : ...
- Procédé 2 : ...
- Exemple : ...

→ Voir la fiche : ...

C. Qu'apporte à l'homme, d'hier et d'aujourd'hui, la dimension collective de la mise en spectacle de la parole?

- Premier argument : ...
- Exemple : ...
- Second argument : ...
- Exemple : ...

→ Voir la fiche : ...

BILAN 3 Exprimer son opinion personnelle sur l'objet d'étude

Ce que vous avez appris (scolairement ou plus personnellement) : ...

Ce que vous avez aimé et moins aimé : ...

Ce que l'objet d'étude vous a donné envie de lire, de voir, d'écouter : ...

Nuancer une argumentation

MÉTHODO 1 Caractériser des procédés pour nuancer une argumentation

Consigne d'écriture

Selon vous, l'efficacité d'un discours dépend-elle surtout de sa mise en spectacle ? Répondez à cette question dans un développement argumenté illustré par des exemples.

Argumentation A

Je pense vraiment que les bons discours n'ont pas besoin de mise en scène particulière. Ce qui compte pour moi, c'est que l'orateur choisisse très bien les mots qui touchent le public et le poussent à agir. Ce que j'aime, ce sont les idées défendues et non pas tout ce qui est autour, qui n'est souvent qu'un écran de fumée ou de la manipulation. La mise en scène de la parole, ce n'est absolument que de la comédie et une injure à l'intelligence de ceux qui écoutent ou regardent ! Il n'y a que les imbéciles – dont je ne fais pas partie – qui se laissent prendre par le spectacle.

Argumentation B

On affirme parfois que les images joueraient actuellement un rôle plus important que les mots. Il est possible que les grands meetings politiques soient de vrais spectacles : le décor, les lumières sont en effet soigneusement choisis. Pourtant, les vrais discours n'ont probablement nul besoin de mise en scène particulière. Ce qui importe davantage, c'est vraisemblablement le poids des mots et des valeurs défendues. Le discours que Simone Veil prononça en faveur de l'IVG en est un exemple. C'est par la force de ses idées et de son éloquence que l'oratrice remporta la victoire.

1. **Lisez** les argumentations et **dites** si elles défendent la même thèse. **Justifiez** votre réponse.

....

2. **Complétez** le tableau pour différencier l'écriture des deux extraits.

	Énonciateur	Modalisateurs	Lexique
Argumentation A	☐ Présent ☐ Effacé ➔ Exemples :	☐ Adverbes de certitude ☐ Adverbes nuancés ➔ Exemple : .... Mode verbal :	☐ Lexique d'opinion ☐ Lexique neutre ➔ Exemples : ....
Argumentation B	☐ Présent ☐ Effacé ➔ Exemples :	☐ Adverbes de certitude ☐ Adverbes nuancés ➔ Exemple : .... Modes verbaux :	☐ Lexique d'opinion ☐ Lexique neutre ➔ Exemples : ....

3. **Soulignez** la phrase qui, dans l'un des extraits, prend en compte l'opinion d'autrui et **identifiez**, en conséquence, l'extrait qui présente une argumentation nuancée : *l'extrait* ....

MÉTHODO 2 Formuler des concessions

4. Complétez l'argumentation en insérant deux connecteurs de concession (→ fiche 5).
Formulez, pour conclure, la thèse que vous soutenez.

On accuse souvent la télévision de véhiculer des images violentes susceptibles d'influencer négativement le public. .... les émissions d'actualité évoquent fréquemment la violence de notre monde avec ses guerres et ses crimes. .... également que certaines fictions cinématographiques sont fondées sur l'horreur. Cependant, ...

....

MÉTHODO 3 Transformer la justification d'une opinion en une argumentation nuancée

5. Soulignez dans le texte les mots qui montrent que son auteur défend une opinion sans la nuancer.

Je pense que les jeux ont gagné une place très importante à la télévision et, pour moi, ce n'est vraiment pas une bonne chose. Je sais que tous ces jeux rapportent gros aux chaînes. Comme tout le monde, je me vois à la place des joueurs et devenir très riche ! Mais pour assurer le succès du jeu et s'en mettre plein les poches, je suis également convaincue que les producteurs trichent en posant des questions qui empêchent les joueurs de gagner. Je trouve cela inadmissible.

6. Nuancez l'argumentation en utilisant les procédés suivants.

- Énonciation effacée à la 3e personne.
- Concessions introduites par des connecteurs logiques (*certes, il est vrai que*).
- Modalisateurs nuancés (*relativement, guère*).
- Tournures verbales impersonnelles et emploi du conditionnel (*il semblerait, il est possible*).

....

....

....

....

....

....

....

....

POINT EXAM'

Des procédés pour nuancer son argumentation

Une argumentation, pour convaincre un large public, doit être nuancée. Plusieurs procédés sont utilisés.

› L'argumentation est formulée **à la 3e personne** par un énonciateur « effacé ». Ainsi, celui qui argumente semble ne pas s'impliquer personnellement dans l'énoncé.

› Des **concessions** à la thèse adverse suggèrent qu'on tient compte de ceux qui n'ont pas le même avis. Elles sont introduites par des connecteurs : *certes*, *admettons que*, *il est vrai que*...

› Des **modalisateurs** (adverbes, modes verbaux...) montrent une certaine prudence dans l'argumentation : *peut-être*, *il semblerait que*...

› Le **lexique** est plus **neutre**, plus **abstrait**, et le **niveau de langue courant**, voire **soutenu**.

› Des **connecteurs logiques** enchaînent cependant avec rigueur le raisonnement.

Insérer des références et des citations

COMPÉTENCES D'ÉCRITURE

MÉTHODO 1 Reconnaître des références et des citations

Le journaliste Jean Segura, après avoir interviewé plusieurs de ses confrères présentateurs (Georges de Caunes, Pierre Tchernia, Pierre Dumayet, Jacques Sallebert), retrace cinquante années d'histoire de l'information.

Texte

Les premiers JT sont un simulacre de journal, dira Georges de Caunes : « En réalité, c'était une revue composée de sujets dont n'avaient pas voulu les Actualités françaises ou la Gaumont[1], rebut[2] de leur magazine hebdomadaire pour les salles de cinéma. Nos images n'étaient donc pas très originales et le journal en lui-même était composé de petits sujets qui étaient des caricatures d'actualité commentées par les journalistes. » C'est l'époque des formules rituelles au ton déclamatoire et amusé, comme « La Parisienne sera toujours la Parisienne » de Pierre Tchernia, ou « C'est une belle réalisation française ». Conscient de faire ce journal pour une poignée d'originaux, Pierre Dumayet emploie ce ton volontairement ironique : « De nombreux téléspectateurs – une dizaine environ – nous ayant réclamé une course de garçons de café, nous avons le plaisir de vous montrer la plus récente… Ce n'est pas la meilleure, elle n'est pas fameuse. » « On faisait de la télévision pour les copains », se souvient Jacques Sallebert.

Jean Segura, « Les 50 ans du journal télévisé », in *La télé nous rend fous*, © GF Flammarion, 2005.

1. Société française de production et de distribution de films, la plus ancienne au monde.
2. Sujet rejeté.

1. Caractérisez le texte en complétant le tableau.

Thème du texte	Thèse défendue	Références
....	....	....
....	....	....
....	....	....

2. Expliquez le rôle de ces citations : ....

MÉTHODO 2 Analyser l'insertion des citations et des références

3. Illustrez par un exemple pris dans le texte les affirmations suivantes.

- La citation est toujours placée entre guillemets : ....
....
- La citation est présentée au moyen d'un verbe introducteur : ....
- Une citation courte est insérée dans la phrase même : ....
....
- Le verbe introducteur peut être placé devant ou derrière la citation : ....
....
- Il faut toujours indiquer qui est l'auteur de la citation utilisée : ....

MÉTHODO 3 Insérer des citations et des références

4. **Utilisez** des formules et des verbes introducteurs variés pour présenter chacune des citations suivantes dans une phrase. **Précisez** s'il s'agit d'une citation directe ou indirecte.

- « La parole est pour moitié à celui qui parle et pour moitié à celui qui l'écoute. » (Montaigne, penseur et philosophe, XVIe siècle)

....

....

- « Je me contente de donner les faits, et seulement les faits, afin que le spectateur pense de lui-même. » (Bertolt Brecht, *Écrits sur le théâtre*)

....

....

- « La télévision est un spectacle. C'est une tribune, une scène, un journal du monde, un stade, un cirque. » (Jean d'Ormesson, *Merci Bernard Pivot*, 2001, écrivain)

....

....

MÉTHODO 4 Composer un texte avec des références et des citations

5. **Complétez** le texte suivant avec les références et les citations proposées. **Variez** la manière de les insérer : directement ou indirectement.

- **Citations :**

a. « À côté de la culture par mots, il y a la culture par gestes. » (Antonin Artaud, acteur et écrivain français).
b. « Activité ou inactivité, parole ou silence, tout a valeur de message. » (P. Watzlawick, J.-H. Beavin, D. D. Jackson, psychologues américains, *Une logique de la communication*).

- **Texte :**

Il n'est pas de vie humaine sans communication. Tout est communication. ....

....

.... *Mais la communication humaine est complexe. Pour éviter de se laisser piéger par de belles paroles, il faut peut-être observer tout ce que dit le corps, car* ....

....

POINT EXAM'

L'insertion de références et de citations

Toute argumentation, pour être convaincante, s'appuie sur des références d'où sont extraites des citations.

› Les **références** sont souvent fondées sur des œuvres qui légitiment les arguments dits d'autorité. Les titres des œuvres sont mis en italique dans un texte tapuscrit ; ils sont soulignés quand on écrit à la main. Ils sont toujours accompagnés de l'identité de leurs auteurs.

› Les **citations** sont de très courts extraits de ces références. Elles sont insérées dans des phrases et encadrées de guillemets. Elles peuvent être rapportées :
- soit directement : *Dans son ouvrage..., Brecht affirme : « ... »* ;
- soit indirectement dans des subordonnées introduites par un verbe de citation et une conjonction (*que*, *si*, *comment*...) : *Dans son ouvrage..., Brecht affirme que « ... »*.

› Les citations peuvent aussi être placées entre parenthèses. Elles illustrent alors des propos : *Brecht soutient que... (« ... »)*.

Renforcer la cohérence d'une argumentation

COMPÉTENCES D'ÉCRITURE

MÉTHODO 1 Vérifier la cohérence d'une argumentation

Compétences d'écriture

Selon vous, les informations des journaux télévisés, quelle que soit la chaîne, peuvent-elles être présentées de manière totalement neutre ?

Un exemple de développement argumenté

a. Les cadrages et les angles de prise de vue des reportages modifient également la perception du téléspectateur.

b. Il ne faut pas oublier enfin que les différents sujets du journal télévisé sont traités de manière attractive : comme au cinéma, ils sont construits autour d'un scénario et suivent une trame narrative.

c. Le journal télévisé tout d'abord respecte un temps chronométré. Le rédacteur en chef opère donc un choix.

d. Par ailleurs, la présence du présentateur sur le plateau est mise en scène. Face à la caméra, il s'adresse à chaque téléspectateur suscitant ainsi une connivence. De fait, ses propos deviennent plus crédibles.

e. Les informations du journal télévisé font l'objet d'une mise en scène particulière qui oriente l'interprétation des téléspectateurs sur l'actualité, malgré le souci d'objectivité.

1. Encadrez les connecteurs logiques utilisés dans chaque phrase.

2. Rétablissez l'ordre des paragraphes du texte répondant à la consigne d'écriture.

....
....
....
....

MÉTHODO 2 Enchaîner logiquement les phrases avec des mots de reprise

3. Complétez ce texte à trous : **utilisez** des mots de reprise désignant les termes encadrés, en les choisissant dans la liste : *ministre, philosophe, homme politique, écrivain, Edgar Faure, il, lui, celui-ci, ce dernier, son, sa.*

Dans une interview accordée en 2006, le philosophe [Michel Serres] affirme que ce qu'...... cherche dans les médias, c'est de l'information et non du spectacle. Or, selon ...., ce n'est vraiment pas le cas. Pour exemple, à .... entrée à l'Académie française, ce .... a dû faire l'éloge de son prédécesseur, le ministre [Edgar Faure.] .... est donc allé à l'INA pour consulter le stock d'émissions de télévision dans lesquelles était intervenu cet ....
Les premières années, ... apparaissait à la télévision plein visage, pendant que le [journaliste,] hors champ, lui posait des questions. Le temps de parole de .... était important. Deux ans après, l'intervieweur apparaissait à l'écran, parlait beaucoup et l'information donnée par le .... était réduite de moitié. À la fin, c'était un spectacle où .... tirait sur .... pipe et ne faisait pratiquement que cela. Il n'y avait plus d'information.

MÉTHODO 3 Employer des mots de reprise pour éviter les répétitions

4. **Soulignez** dans le texte les répétitions, puis **réécrivez**-le en remplaçant ces répétitions par des mots de reprise. **Aidez-vous** du Point Exam'.

Selon une étude américaine, dans un échange oral, les mots comptent pour 7 %, l'intonation pour 38 % et les gestes pour 55 %. Les gestes ont donc un rôle fondamental dans la communication humaine. Les gestes sont souvent inconscients. Savoir décoder les gestes permet de comprendre les intentions profondes de l'interlocuteur ainsi que la personnalité de cet interlocuteur.

....

....

....

....

MÉTHODO 4 Enchaîner logiquement les arguments

Macbeth, mise en scène d'Ariane Mnouchkine

Adaptation de la pièce de Shakespeare (1623)
au théâtre de la Cartoucherie, en 2014.

Compétences d'écriture

Selon vous, a-t-on le droit de moderniser une pièce du répertoire classique ?

5. Sur une feuille, **répondez** de manière nuancée (➔ fiche 39) à la question posée. **Choisissez** les connecteurs qui conviennent : *certes, néanmoins, il est vrai que, c'est pourquoi, par conséquent, donc, de plus, en outre, par ailleurs, cependant, toutefois, or.*

POINT EXAM'

La cohérence et la cohésion d'une argumentation

- Pour assurer la **cohérence** d'une argumentation – sa **progression logique** –, il faut bien choisir les **connecteurs** qui lient les arguments entre eux.
- Ces connecteurs indiquent l'**ordre des arguments** (*d'abord*, *ensuite*, *enfin*), un **ajout** (*de plus*, *en outre*), un **renchérissement** (*par ailleurs*, *de même*, *et*), une **opposition** (*or*, *mais*), une **concession** (*certes*, *il est vrai que*...).
- Pour assurer la cohésion d'une argumentation – la **« soudure » des phrases** entre elles –, il faut utiliser des **mots de reprise : substituts lexicaux ou grammaticaux**. Ceux-ci se suivent logiquement. Ils évitent aussi les répétitions.

Pour exemples : *Ariane Mnouchkine* (nom propre), *la réalisatrice* (nom commun), *celle-ci* (pronom démonstratif), *elle* (pronom personnel), *son* (adjectif possessif).

Améliorer l'expression écrite des rédactions

COMPÉTENCES D'ÉCRITURE

MÉTHODO 1 Analyser et corriger des erreurs dans une rédaction

Compétences d'écriture

Selon vous, les émissions de télé-réalité, très appréciées du grand public, manipulent-elles la parole des participants ?

Un écrit avec des erreurs

La télé-réalité est apparu (......................) en France au cours de l'été 2000 et elle a permis à des anonymes, gens ordinaire (......................), de devenir célèbre (......................).
Qu'ils soient enfermés dans un loft ou qu'il s'agisse d'un concours, les candidat (......................) sont en effet pris sur le vif et le spectateur peut observer leurs réactions à chaud. On peut pourtant se demander est-ce que ces émissions rendent compte de la réalité ou bien elles manipulent la parole des participants ? (..)
Dans certaines émissions, les personnes son (......................) filmées dans leur environnement quotidien et présentent aux spectateurs des problèmes que les spectateurs (......................) ont pu rencontrer : solitude, manque de fric... (......................).
Cependant, de nombreuses productions sont tournées dans des décors. Elles imposent par ailleurs sur les lieux de tournage des conditions qui sont loin de la réalité : ni montre, ni téléphone, aucun journal. Des sujets de conversation sont interdits (la politique par exemple), d'autres imposés. En sélectionant (......................) parmi les centaines d'heures d'images filmées, l'équipe de production favorise certains candidats ou choisi (......................) d'en dénigrer d'autres.

Les types d'erreur

← ....
....
← ....
← ....
....
← ....
....
← ....
....
....
....
← ....
....
← ....
← ....
....
....
....
....
← ....
....
← ....

1. **Complétez** le cadre de droite en identifiant le type d'erreur parmi la liste ci-dessous : *conjugaison ; homophone ; accord du participe passé ; niveau de langue ; syntaxe ; accord nom/déterminant ; orthographe lexicale ; accord nom/adjectif qualificatif ; répétition.*

2. **Proposez** une correction à côté de chaque erreur entourée.

MÉTHODO 2 Illustrer sa fiche « Correction »

3. Lisez les règles suivantes, puis **complétez-les** par des exemples.

• Pour éviter des confusions homophoniques		**Exemples**
A / à	• A est une forme du verbe ou de l'auxiliaire *avoir* : on peut le remplacer par *avait*. • À est une préposition.	....
Sont / son	• *Sont* est une forme du verbe ou de l'auxiliaire *être* : on peut le remplacer par *étaient*. • *Son* est un déterminant possessif qui précède un nom ou un adjectif.	....
On / ont	• *On* est un pronom personnel indéfini : on peut le remplacer par *je*, *nous*, *il*. • *Ont* est une forme du verbe ou de l'auxiliaire *avoir* : on peut le remplacer par *avaient*.	....
Ce / se	• *Ce* est un déterminant démonstratif situé devant un nom ou un groupe nominal. • *Se* est un pronom réfléchi qui se place devant un verbe.	....
Terminaisons verbales en [e]	• La terminaison en *-er* est celle d'un verbe du premier groupe à l'infinitif. • Les terminaisons en *-é*, *-és*, *-ée*, *-ées* sont celles du participe passé d'un verbe du premier groupe.	....
Verbe / nom homophones	Certains verbes ont des noms homophones : *appeler*, *travailler*, *employer*.	....
• Pour respecter la chaîne des accords		
Accord nom / adjectif qualificatif	• L'adjectif s'accorde en genre (masculin/féminin) et en nombre (singulier/pluriel) avec le nom auquel il se rapporte. • Avec plusieurs noms, il se met au pluriel.	....
Accord sujet / verbe	• Le verbe conjugué s'accorde en nombre (singulier/pluriel) et en personne avec son sujet. • Quand le sujet est composé de plusieurs noms au singulier, le verbe se conjugue au pluriel.	....
• Pour construire correctement les phrases		
• Une **phrase verbale simple** comporte **un seul verbe** conjugué ou à l'infinitif. • Une **phrase complexe** comporte plusieurs **verbes conjugués ou à l'infinitif**. Elle est donc composée, *a minima*, de deux **propositions** : – **juxtaposées** si elles sont séparées par une virgule ; – **coordonnées** si elles sont reliées par une conjonction de coordination : *mais*, *ou*, *et*, *car*, etc. ; – **principale et subordonnée** introduite par une conjonction de subordination (*bien que*, *parce que*, *quand*, etc.) ou un pronom relatif (*qui*, *que*, *dont*, etc.).		....

Créer un sujet d'examen

COMPÉTENCES DE LECTURE/ D'ÉCRITURE

MÉTHODO 1 Choisir l'objet d'étude et les supports du corpus

1. Soulignez l'objet d'étude sur lequel portera votre sujet de bac pro. **Consultez** les bilans consacrés à chaque objet d'étude dans l'ouvrage (→ fiches 7, 23, 38).

a. Identité et diversité

b. Au XXe siècle, l'homme et son rapport au monde à travers la littérature et les autres arts

c. La parole en spectacle

2. Caractérisez en général les éléments d'un corpus d'examen en rayant les propositions erronées (→ fiches 8, 9).

a. Le corpus peut être composé d'un seul support / de deux supports / de trois supports.

b. Les textes sont uniquement des extraits de roman.

c. Des supports de tous les genres littéraires ou genres d'images peuvent être utilisés.

d. Les supports sont choisis en fonction du thème de l'objet d'étude.

e. Tous les supports sont du XXe siècle.

3. Reportez-vous aux fiches Objet d'étude, à vos cours et à vos lectures personnelles, puis **présentez** dans les cadres les supports retenus en fonction de l'objet d'étude choisi.

• Nature du support :	• Nature du support :	• Nature du support : ....
• Auteur :	• Auteur :	• Auteur : ....
• Titre de l'œuvre :	• Titre de l'œuvre :	• Titre de l'œuvre : ....
• Date de création :	• Date de création :	• Date de création : ....
• Thème :	• Thème :	• Thème : ....

MÉTHODO 2 Rédiger la consigne « Présentation du corpus »

4. Rappelez-vous les mots le plus souvent employés pour présenter un corpus, puis **écrivez** ci-dessous la première question de lecture. **Précisez** le barème de la consigne (→ fiches 8, 9, 10).

Compétences de lecture

Présentation du corpus

....

MÉTHODO 3 Rédiger les consignes « Analyse et interprétation »

5. Rayez les propositions qui n'évaluent pas les compétences visées par ces types de questions. **Surlignez**, dans les propositions qui sont justes, les capacités les plus fréquentes (➔ fiches 8, 24, 25).

a. On évalue la capacité du candidat à donner son avis sur le choix des supports.

b. On évalue la capacité du candidat à comprendre le ou les supports du corpus.

c. On évalue la capacité du candidat à comparer avec un autre support qui n'est pas dans le corpus.

d. On évalue la capacité du candidat à mobiliser ses connaissances littéraires et linguistiques.

e. On évalue la capacité du candidat à mettre en relation les supports du corpus.

6. Écrivez trois consignes de lecture en respectant les capacités surlignées ci-dessus. Vous pouvez suivre les propositions ci-dessous mais ce n'est pas obligatoire ! **Notez** le barème pour chaque question (➔ fiches 8, 24, 25).

Compétences de lecture (suite)

Analyse et interprétation

1. Support 1 (question sur le sens en lien avec le thème de l'objet d'étude)

....

....

2. Support 2 (question sur les procédés et les effets d'écriture)

....

....

3. Supports 1, 2 et 3 (question de mise en relation et de connaissances littéraires)

....

....

MÉTHODO 4 Rédiger la consigne sur les compétences d'écriture

7. Choisissez la démarche d'argumentation évaluée (➔ fiches 11, 13, 14, 26 à 29).

☐ Une démonstration. ☐ Une réfutation. ☐ Une délibération.

8. Lisez différents sujets de rédaction et **écrivez** votre consigne d'écriture (➔ fiches 8, 11).

Compétences d'écriture

Selon vous ....

....

....

....

....

....

....

9. Rédigez sur une feuille le devoir que vous avez conçu ou **proposez**-le à des camarades… Puis **notez** le travail grâce aux grilles d'évaluation des sujets présentés dans les fiches Évaluation (➔ fiches 16, 31, 45).

Sujet de bac pro guidé

Ma démarche pour découvrir le corpus

- **J'entoure** les sources des supports.
- **Je souligne** dans les introductions les mots-clés.
- **Je surligne** dans les textes les passages utiles à leur compréhension.
- **Je rédige** dans « Mes notes de première lecture » de brefs commentaires sur le genre d'écrit ou d'image, le thème, les intentions de l'auteur, les effets produits ainsi que les liens entre les éléments du corpus.

TEXTE 1

Cyrano de Bergerac aime en secret Roxane... dont est également amoureux son meilleur ami, Christian. Cyrano, qui se trouve bien plus laid, a décidé de lui céder la place et il lui prête sa voix et ses talents pour courtiser la belle. Roxane, dans cette scène, croit s'adresser à Christian qu'elle vient de rencontrer...

ROXANE, *s'avançant sur le balcon* – C'est vous ?
Nous parlions de... de... d'un...

CYRANO – Baiser. Le mot est doux !
Je ne vois pas pourquoi votre lèvre ne l'ose ;
S'il la brûle déjà, que sera-ce la chose ?
Ne vous en faites pas un épouvantement :
N'avez-vous pas tantôt, presque insensiblement,
Quitté le badinage et glissé sans alarmes
Du sourire au soupir, et du soupir aux larmes !
Glissez encore un peu d'insensible façon :
Des larmes au baiser il n'y a qu'un frisson !

ROXANE – Taisez-vous !

CYRANO – Un baiser, mais à tout prendre, qu'est-ce ?
Un serment fait d'un peu plus près, une promesse
Plus précise, un aveu qui veut se confirmer,
Un point rose qu'on met sur l'i du verbe aimer ;
C'est un secret qui prend la bouche pour oreille,
Un instant d'infini qui fait un bruit d'abeille,
Une communion ayant un goût de fleur,
Une façon d'un peu se respirer le cœur,
Et d'un peu se goûter, au bord des lèvres, l'âme !

ROXANE – Taisez-vous !

CYRANO – Un baiser, c'est si noble, Madame,
Que la reine de France, au plus heureux des lords,
En a laissé prendre un, la reine même !

Edmond Rostand, *Cyrano de Bergerac*, III, 10, 1898.

> Mes notes de première lecture

....
....
....
....

TEXTE 2

Dans cet extrait de scène qui correspond au dénouement de l'intrigue, Monsieur A et Madame B ont des difficultés pour s'exprimer…

Monsieur A *(sur le ton de l'intimité)* – Chère ! Si vous saviez comme, depuis longtemps !

Madame B (*touchée*) – Vraiment ? Serait-ce depuis que ?

Monsieur A (*étonné*) – Oui ! Justement ! Depuis que ! Mais comment pouviez-vous ? […]

Madame B – Lorsque que vous me mieux, vous saurez que je toujours là.

Monsieur A – Je vous crois, chère !… (*Après une hésitation, dans un grand élan.*) Je vous crois, parce que je vous !

Madame B (*jouant l'incrédule*) – Oh ! Vous allez me faire ? Vous êtes un grand !…

Monsieur A (*laissant libre cours à ses sentiments*) – Non ! Non ! C'est vrai ! Je ne puis plus me ! Il y a trop longtemps que ! Ah ! si vous saviez ! C'est comme si je ! C'est comme si toujours je ! Enfin, aujourd'hui, voici que, que vous, que moi, que nous !

Madame B (*émue*) – Ne pas si fort ! Grand, Grand ! On pourrait nous !

Monsieur A – Tant pis pour ! Je veux que chacun, je veux que tous ! Tout le monde, oui !

Madame B (*engageante, avec un doux reproche*) – Mais non, pas tout le monde : seulement nous deux ! […]

Monsieur A – Oh ! ma ! Oh ma ! Oh ma, ma !

Madame B – Je vous ! À moi vous ! (*Un temps, puis, dans un souffle.*) À moi tu !

Ils sortent. RIDEAU.

Jean Tardieu, « Finissez vos phrases ! recueilli dans *Le Professeur Frœppel*, © Éditions Gallimard.

> Mes notes de première lecture

DOCUMENT 3

Gotlib, « Pantomime de la scène d'amour », in *Rubrique-à-brac*, Tome 5, © Dargaud, 2015.

> Mes notes de première lecture

Ma démarche pour préparer les questions de lecture

- > **Je souligne** dans les consignes les mots importants.
- > **Je repère** les éventuelles sous-questions.
- > **Je relis** mes notes de première lecture.
- > **J'écris** sous chaque question des éléments de réponse.
- > **Je recopie** au propre mes réponses bien rédigées.

COMPÉTENCES DE LECTURE

10 POINTS

Présentation du corpus

1. Présentez les éléments du corpus en expliquant ce qui les unit et ce qui les différencie (3 à 6 lignes environ). **2 POINTS**

• Ce qui les unit :

• Ce qui les différencie :

Analyse et interprétation

2. TEXTE 1. **Montrez** comment Cyrano, se faisant passer pour Christian, met « la parole en spectacle ». **2 POINTS**

3. TEXTE 2. **Identifiez** la particularité stylistique de la scène de Jean Tardieu. **Expliquez** pourquoi, cependant, cette scène reste compréhensible. **3 POINTS**

4. DOCUMENT 3. **Analysez** les procédés visuels utilisés par le dessinateur pour suggérer les sentiments de son personnage, puis **définissez** quel type de spectacle est une pantomime. **3 POINTS**

• Procédés visuels :

• Définition de la pantomime :

Ma démarche pour préparer la consigne d'écriture

- **Je souligne** dans le sujet les mots importants.
- **Je cherche** des éléments du corpus pour enrichir mes arguments et exemples.
- **J'identifie** ma démarche d'argumentation : démonstration, réfutation ou délibération (voir fiche 11).
- **Je complète** le plan du devoir à l'aide du schéma.
- **Je transforme** ma prise de notes en un texte correctement rédigé.

COMPÉTENCES D'ÉCRITURE

10 POINTS

Selon vous, pour séduire – amoureusement, amicalement, voire politiquement... –, est-il nécessaire de s'exprimer avec beaucoup d'aisance ou d'autres éléments comptent-ils également ?
Vous **répondrez** à cette question dans un développement argumenté de 40 lignes environ.
Appuyez-vous sur les éléments du corpus et vos lectures ainsi que sur vos expériences personnelles.

INTRODUCTION

Le thème à traiter : ....

La question posée : ....

Les thèses à confronter : ....

1. ....
2. ....

DÉVELOPPEMENT

§ 1. Thèse 1 + arguments : Certains affirment que	➔ Exemple 1 : ....
§ 2. Thèse 2 + arguments : D'autres, en revanche, soutiennent que	➔ Exemple 2 : ....
§ 3. Thèse personnelle + arguments : Quant à moi, je considère que	➔ Exemple 3 : ....

CONCLUSION

Reformulation de la question posée et des thèses débattues ; réaffirmation de son avis personnel : Pour conclure ....

Sujet de bac pro

TEXTE 1

Dans son roman* Roses à crédit*, Elsa Triolet (1896-1970) raconte l'histoire d'une jeune fille, Martine Donelle, née dans une famille très pauvre et qui se laisse trop séduire par tout le confort moderne des années 1960. Dans l'extrait ci-contre, Martine participe à un jeu télévisé afin de rembourser le crédit qu'elle a contracté pour l'achat de meubles et d'un manteau de fourrure.

– Alors, Mademoiselle la candidate n° 4, pardon, Madame… Vous vous appelez Martine Donelle, vous êtes manucure, mariée et vous n'avez pas d'enfants… Pas encore, avez-vous dit.

La télé fit entendre le rire énorme d'une salle invisible.

– Vous vous présentez pour la chanson… Voyons, voyons, voyons… si vous êtes aussi calée que belle. Bonne chance, Madame !

La petite Martine tira une carte parmi celles que lui tendait le monsieur affable[1]. Elle se tenait sur un pied, assez gauche, et belle… élégante comme un mannequin… Une robe étroite, foncée…

– Donc, Mademoiselle… Décidément, j'oublie toujours que le père des enfants que vous n'avez « pas encore » est déjà choisi… Donc, Madame, vous serez fort aimable de répondre aux questions qui se trouvent sur le carton que vous avez tiré :

« Premièrement : de qui sont les trois chansons suivantes : *Les Parigots*, *Que reste-t-il de nos amours ? J'attendrai*[2] ? Deuxièmement : qui sont les interprètes qui les ont rendues célèbres ? Troisièmement : vous nous combleriez si vous vouliez bien gazouiller le refrain de chacune de ces chansons. Maestro, *please*… »

Le Maestro apparut sur un petit piédestal, de trois quarts, tourné vers Martine, et dirigeant de son petit bâton un roulement de tambour tout à fait impressionnant… Ensuite, on vit en même temps le meneur de jeu, Martine, et derrière eux, l'orchestre. Martine se taisait, et le cœur de Daniel[3] battait avec les tambours… Elle se taisait.

– Allons, Madame, dit le meneur de jeu gentiment, un petit effort, il ne reste plus que vingt secondes…

– Vandair… Trénet… Goehr[4]…

– Parfait, cria le monsieur, magnifique, exact !…

La salle, invisible, applaudissait.

– Mais on peut dire que vous ouvrez votre parachute avec retardement, Mademoiselle… Bon, je recommence !… Madame, voulais-je dire… Vous nous avez donné chaud ! Première manche gagnée… Maestro, *please*, pour la deuxième question…

Le Maestro réapparut, de trois quarts, regardant Martine, l'orchestre se mit à jouer une valse lente…

– Cette valse dure exactement deux minutes et demie… Il faudra, Madame, que vous ayez trouvé d'ici là…

Martine dit :

– Oui, Monsieur… – et se tut.

La valse lente allait son bonhomme de chemin.

– Cinquante secondes… Trente… Vous n'allez pas nous jouer le tour de ne pas répondre à cette question, bien plus facile que la première… Cinq secondes…

– Maurice Chevalier… Trénet… Claveau[5]…

– Bravo, cria le monsieur joyeusement, exact, parfait, magnifique !…

1. Très aimable.
2. Titres de chansons très connues dans les années 1960.
3. Le mari de Martine.
4. Les interprètes des chansons précitées.
5. Autres interprètes.

La salle croulait sous les applaudissements, si bien qu'on jugea bon de la montrer, et en entier, et les visages des premiers rangs, et les mains qui battaient.

– D'après le règlement, la première entièrement bonne réponse, c'est-à-dire bonne trois fois, vous rapporte trois mille francs. La deuxième entièrement bonne réponse, c'est-à-dire trois fois bonne, vous rapporte trois mille francs multipliés par trois… Vous en êtes à neuf mille francs, Madame ! Attention ! Voici le troisième devoir : vous allez, Madame, nous gazouiller le refrain de chacune de ces chansons, sans une faute… et vous aurez aussitôt à votre disposition vingt-sept mille francs… OK ?

Martine fit oui de la tête. L'orchestre se mit à jouer et elle à chanter de cette petite voix juste, vulgaire, acide… […]

– Bravo, bravo… criait le monsieur, qui avait l'air de vraiment s'amuser beaucoup… À la suivante…

Que reste-t-il de nos amours
Que reste-t-il de ces beaux jours ?

chantait Martine… Et elle ne fit pas plus de fausses notes dans celle-ci que dans la troisième.

Elsa Triolet, *Roses à crédit*, © Éditions Gallimard, 1959.

TEXTE 2

Le jeu se poursuit et la tension monte…

– C'est ici, dit le meneur de jeu ravi, que l'histoire se corse… Je vous rappelle le règlement : si vous répondez séance tenante à la question difficile que vous trouverez dans le billet tiré par vous la deuxième fois, nous multiplierons vos vingt-sept mille francs par cinq. Vous m'entendez bien, par cinq ! Mais si vous vous trompez, vous perdez ce que vous avez, je veux dire ces vingt-sept mille francs gagnés à la sueur de votre front… Néanmoins, l'apéritif « Mondial » se fera un plaisir de vous consoler en vous offrant une bouteille de ce merveilleux élixir de joie et de santé ! On y va pour la quatrième question, ou on s'arrête ?

– On y va… dit Martine.

Bref, à la fin de l'émission qu'elle occupa à elle seule, Martine avait gagné cinq cent mille francs !

– Voulez-vous continuer, Madame ? demanda le speaker.

– Non, Monsieur, j'avais besoin de cinq cent mille francs…

La salle éclata en applaudissements… Et le meneur de jeu dit :

– Bravo, Madame, vous avez beaucoup de cran et de connaissances. Si vous reveniez trop souvent, vous feriez sauter la banque ! Permettez que je baise votre main… Et mille choses à votre époux, j'espère qu'il connaît son bonheur… et que vous aurez beaucoup d'enfants !

L'écran se couvrit de zigzags lumineux, jeta quelques étincelles. C'était la fin de l'émission. Parut l'annonce d'un film… Daniel éteignit le poste et resta dans le noir jusqu'à ce qu'il entendît la porte d'entrée s'ouvrir… Martine, grandeur nature, était là.

– Tu as gagné ! dit Daniel. Je te fais crédit[1], tu es une fille courageuse…

Elsa Triolet, *Roses à crédit*, © Éditions Gallimard, 1959.

1. C'est entendu.

COMPÉTENCES DE LECTURE
10 POINTS

Présentation du corpus

1. Présentez en 3 à 6 lignes ce qui unit les éléments du corpus. **2 POINTS**

• Points communs : ....

Analyse et interprétation

2. TEXTE 1. **Décrivez**, à l'aide d'exemples, les différents procédés sonores et visuels de la mise en spectacle du jeu télévisé. **3 POINTS**

• Procédés sonores : ....

• Procédés visuels : ....

3. TEXTES 1 et 2. **Montrez** comment le meneur de jeu crée du suspense et vise à faire rire le public. **3 POINTS**

• Le suspense : ....

• Les rires du public : ....

4. TEXTE 2. **Expliquez** en quoi le comportement de Martine favorise son succès. **2 POINTS**

....

COMPÉTENCES D'ÉCRITURE
10 POINTS

Selon vous, les jeux télévisés et radiophoniques enrichissent-ils culturellement les candidats et le public ? Vous **répondrez** à cette question dans un développement argumenté d'une quarantaine de lignes. **Appuyez-vous** sur les éléments du corpus, ainsi que sur vos connaissances et expériences personnelles.

GRILLE D'ÉVALUATION

Compétences de lecture

	2 POINTS	
Question 1		
▸ Les deux éléments du corpus ont été pris en compte.	☐ OUI	☐ NON
▸ Les points communs sont identifiés et expliqués.	☐ OUI	☐ NON
▸ La présentation n'excède pas six lignes environ.	☐ OUI	☐ NON
Donc ce qui unit les éléments du corpus a bien été compris.		

	3 POINTS	
Question 2		
▸ Les procédés sonores et visuels sont bien décrits.	☐ OUI	☐ NON
▸ Ces procédés sont justifiés par des exemples.	☐ OUI	☐ NON
Donc la mise en spectacle du jeu télévisé a bien été analysée.		

	3 POINTS	
Question 3		
▸ Les procédés pour créer du suspense sont explicités.	☐ OUI	☐ NON
▸ Les procédés pour faire rire le public le sont aussi.	☐ OUI	☐ NON
Donc les effets oratoires du meneur de jeu ont été compris.		

	2 POINTS	
Question 4		
▸ Les raisons du succès de Martine ont été perçues.	☐ OUI	☐ NON
Donc la psychologie de la candidate a été comprise.		

NOTE : ... / 10

Compétences d'écriture

	4 POINTS	
Invention		
▸ La thèse soutenue est clairement formulée.	☐ OUI	☐ NON
▸ Les arguments sont en nombre suffisant (au moins 3) et convaincants.	☐ OUI	☐ NON
▸ Les exemples sont variés et en cohérence avec les arguments.	☐ OUI	☐ NON
Donc l'argumentation est riche et convainc.		

	3 POINTS	
Organisation		
▸ La mise en page du devoir correspond à une démonstration ou une réfutation argumentée.	☐ OUI	☐ NON
▸ Des connecteurs logiques enchaînent les arguments et les exemples.	☐ OUI	☐ NON
▸ Les exemples sont bien insérés dans le développement.	☐ OUI	☐ NON
Donc l'argumentation est bien construite et le raisonnement rigoureux.		

	3 POINTS	
Expression		
▸ La construction des phrases et la ponctuation sont correctes.	☐ OUI	☐ NON
▸ Les accords grammaticaux sont respectés.	☐ OUI	☐ NON
▸ Les verbes sont bien conjugués.	☐ OUI	☐ NON
▸ Le vocabulaire est précis et adapté à la situation de communication.	☐ OUI	☐ NON
Donc l'argumentation se lit aisément.		

NOTE : ... / 10

NOTE GLOBALE : ... / 20

Classe : ....
Nom : ....
Date : ..../........../........

Découvrir l'épreuve de contrôle

MÉTHODO 1 Comprendre la définition de l'épreuve de contrôle

L'épreuve orale de contrôle au baccalauréat professionnel consiste en deux interrogations : la première de mathématiques/sciences physiques ou enseignement de spécialité, la seconde de français ou histoire-géographie. Chaque interrogation est d'une durée de 15 minutes, précédée d'une préparation de 15 minutes. [...] Le candidat n'a aucun document à apporter pour passer l'une ou l'autre des parties de l'épreuve. [...]
Le candidat tire au sort entre un sujet de français ou un sujet d'histoire-géographie.

D'après la note de service du ministère de l'Éducation nationale du 1er avril 2010.

1. Rayez les propositions erronées.

a. Cette épreuve est orale / écrite.

b. Il faut apporter le travail de l'année. / Il ne faut apporter que la convocation et la pièce d'identité.

c. Il y a deux / trois / cinq interrogations dans l'épreuve de contrôle.

d. Le choix entre l'interrogation en français ou l'interrogation en histoire-géographie se fait par l'examinateur / le candidat / tirage au sort.

e. Il y a une chance sur deux d'être interrogé en français. / Il y a obligatoirement une interrogation en français.

f. La préparation et l'interrogation durent chacune 15 / 30 minutes.

MÉTHODO 2 Caractériser le contenu de l'interrogation en français

En français, le libellé du sujet invite le candidat à **présenter une œuvre ou un groupement de textes** choisis parmi ceux étudiés **pendant l'année de terminale.**
D'après la note de service du ministère de l'Éducation nationale du 1er avril 2010.

2. Répondez par oui (O) ou par non (N) en vous appuyant sur ce texte officiel et votre connaissance du programme de terminale.

Le candidat peut-il présenter comme « œuvre »...		Le candidat peut-il présenter comme « groupement de textes »...	
... un roman lu en lecture personnelle durant l'année ?	N	... des textes et œuvres d'art regroupés autour d'un objet d'étude de terminale ?	O
... un film analysé dans le cadre de l'objet d'étude « Identité et diversité » ?	....	... différents extraits d'un même roman étudiés en terminale ?	....
... un roman étudié en lecture intégrale en terminale ?	....	... un corpus de textes étudié en première ?	....
... une pièce de théâtre, un recueil de poèmes ou un essai étudié en parcours de lecture en terminale ?	....	... des extraits d'œuvres et d'auteurs différents, étudiés dans une séquence sur « La parole en spectacle » ?	....

MÉTHODO 3 Décomposer le déroulement de l'interrogation en français

Le libellé est ainsi rédigé : « Après avoir **présenté une œuvre/un groupement de textes** le plus précisément possible (titre(s) d'œuvre(s), auteur(s), époque(s) de publication, propos de l'œuvre/des textes), **vous expliquerez ce qui vous a intéressé dans cette étude dont vous présenterez les principales lignes de force.** » Le candidat s'exprime d'abord de façon autonome (exposé). L'examinateur engage ensuite un dialogue avec le candidat, soit **en poursuivant sur le même sujet**, soit **en élargissant le champ de la réflexion à l'ensemble du programme de l'année de terminale.**

D'après la note de service du ministère de l'Éducation nationale du 1er avril 2010.

3. Reconstituez les différentes étapes de l'interrogation de français en plaçant tous les termes en gras du texte dans le schéma ci-dessous.

I Exposé autonome du candidat
- A → ....
- B → ....
- C → ....

II Dialogue entre le candidat et l'examinateur
- a .... ou b ....

MÉTHODO 4 Analyser les critères d'évaluation de l'épreuve

4. Reliez chaque proposition de gauche à l'un des trois critères d'évaluation de droite.

- Fournir des compléments d'information ou de réflexion. ○
- Fournir des dates, noms d'œuvres ou d'auteurs. ○
- Utiliser un lexique précis. ○
- Demander la reformulation d'une question incomprise. ○
- Hiérarchiser les idées et les informations. ○
- Utiliser un registre de langue courant. ○
- Reprendre le thème de la question dans la réponse. ○
- Faire des phrases complètes. ○

- ○ Qualité de précision et d'organisation dans la présentation : … / 4
- ○ Qualité d'écoute et de participation à l'échange : … / 3
- ○ Correction de l'expression orale : … / 3

POINT EXAM'

L'épreuve de contrôle en français

› L'interrogation, qu'elle porte sur l'étude d'une œuvre ou d'un groupement de textes, est d'une durée de **15 minutes** et est évaluée sur **10 points**.

› Elle se déroule de façon identique dans les deux cas et comporte **deux parties** :
- un **exposé** du candidat en trois parties : présentation, lignes de force et intérêt de l'étude ;
- un **dialogue** avec l'examinateur qui questionne sur l'exposé ou élargit la discussion à d'autres objets d'étude.

› La **durée** de l'exposé et du dialogue n'est **pas précisée**, mais les deux parties devront être présentes.

Présenter une œuvre

MÉTHODO 1 Récapituler et classer les œuvres étudiées en terminale

1. Reportez les titres des œuvres (roman, recueil de poèmes, essai, film…) étudiées en parcours de lecture ou lecture intégrale, puis **entourez** l'œuvre que vous avez préférée.

a. ....

b. ....

c. ....

MÉTHODO 2 Préparer l'exposé sur l'œuvre

2. Complétez chacune des étapes de votre exposé.

a. Présentation de l'œuvre

- Titre de l'œuvre choisie : ....
- Auteur (nom, éléments succincts de biographie) : ....
- Époque de publication (date, contexte historique, courant littéraire) : ....
- Genre (film, roman, théâtre, poésie, essai, bande dessinée, roman graphique, etc.) : ....
- Propos de l'œuvre : ....

b. Présentation des lignes de force

- Problématique : ....
- Axe de lecture 1 : ....
- Axe de lecture 2 : ....
- Axe de lecture 3 : ....

c. Votre intérêt pour cette étude (thème, intrigue, personnages, idées, actualité…)

....

MÉTHODO 3 S'entraîner à présenter oralement l'exposé

3. Enregistrez votre présentation de l'œuvre et les lignes de force de son étude. **Écoutez** votre enregistrement afin d'éventuellement l'améliorer. Ce travail peut aussi être conduit en binôme.

Les critères d'évaluation	Les pistes d'amélioration possibles
• **L'exposé est précis et structuré.** – Les trois parties sont perceptibles. – Les informations progressent. – Des mots de liaison marquent la progression.	....
• **Le lexique est précis et adapté.** – Les répétitions sont correctement gérées. – Le vocabulaire est spécialisé. – Le niveau de langue est courant.	....
• **Le débit est fluide et le volume adapté.** – Vitesse et pauses sont maîtrisées. – Les mots parasites sont écartés.	....
• **La durée de l'exposé est correcte.** – Moins de 5 minutes : trop court. – Plus de 10 minutes : trop long.	....

MÉTHODO 4 Se préparer à l'entretien avec l'examinateur

4. Resituez l'étude de l'œuvre dans l'objet d'étude du programme de terminale.

....
....
....

5. Établissez des liens avec d'autres objets d'étude du programme ou d'autres œuvres littéraires ou artistiques étudiés cette année.

....
....
....

6. Entraînez-vous oralement, deux à deux (un candidat et un examinateur), comme dans un jeu de rôle, à développer ou résumer, à contredire ou justifier différents points de vos exposés respectifs. **Évaluez** vos échanges à l'aide des critères du Point Exam' ci-dessous.

POINT EXAM'

L'évaluation de la présentation de l'œuvre et de l'entretien

L'EXPOSÉ SUR L'ŒUVRE

- ☐ L'exposé est structuré en trois étapes.
- ☐ La présentation est bien argumentée.
- ☐ L'exposé progresse logiquement.

L'ENTRETIEN AVEC L'EXAMINATEUR

- ☐ L'œuvre correspond bien à l'objet d'étude.
- ☐ Les questions sont comprises (reformulées et/ou précisées à la demande du candidat).
- ☐ Les réponses sont nuancées et argumentées.
- ☐ Chaque réponse apporte de nouveaux éléments de réflexion ou d'information.

L'EXPRESSION ORALE

- ☐ Les phrases sont construites, le lexique est précis, le propos est fluide, l'attitude est adaptée à la situation.

Classe : ....
Nom : ....
Date : ..../........../........

Présenter un groupement

MÉTHODO 1 Préparer la présentation d'un groupement de textes

1. Consultez votre travail de l'année, **choisissez** le groupement de textes que vous avez préféré, puis **complétez** le tableau.

- Titre du groupement de textes : ....
- Problématique : ....
....
- Objet d'étude : ....

Extrait n°	Titre de l'œuvre	Auteur	Date de publication	Genre	Mots-clés
1	....	....	....	....	....
2	....	....	....	....	....
3	....	....	....	....	....

- Points communs entre les extraits du corpus : ....
....
- Différences : ....
....

MÉTHODO 2 Préparer la présentation des lignes de force de l'étude

2. Caractérisez pour chaque extrait le thème et le propos, puis **indiquez** les éléments de réponse apportés en fonction de la problématique et de l'objet d'étude.

	Thème et propos	Éléments de réponse
Extrait 1	....	....
Extrait 2	....	....
Extrait 3	....	....

MÉTHODO 3 Distinguer les éléments de l'exposé et de l'entretien

3. Entraînez-vous avec le groupement de textes sur Don Juan (➔ fiche 19). **Classez** les phrases ci-dessous en reportant leur numéro dans les rubriques du tableau correspondantes.

a. Ce groupement de textes présente des œuvres de genres variés (théâtre, roman, cinéma), à des époques qui s'échelonnent du XVIIe au XXIe siècles.

b. Cette étude montre comment un mythe évolue selon les époques et les sociétés.

c. J'ai révisé ma conception de la séduction et de l'amour à l'issue de cette étude.

d. L'étude de ce mythe pose les questions de la morale, de la religion, des rapports hommes / femmes au cours des siècles, donc du rapport de l'homme au monde.

e. Je trouve que le personnage du Don Juan n'est finalement ni un modèle d'accomplissement, ni un véritable héros.

f. Molière, Prévost et Jarmusch traitent du personnage de Don Juan.

g. Les mythes n'appartiennent pas qu'au passé : ils s'actualisent en permanence.

Présentation du groupement de textes	Présentation des lignes de force de l'étude	Intérêt porté à l'étude
a, ...	....	....

MÉTHODO 4 Expliquer l'intérêt porté au groupement de textes

4. Choisissez deux amorces, puis **développez**-les de façon personnelle et argumentée.

- J'ai été intéressé(e) par ce groupement de textes car…
- J'ai mis en relation ce groupement de textes avec… (événement historique, d'actualité ou personnel)
- Cette étude m'a amené(e) à m'interroger sur…
- J'ai prolongé l'étude par… (une lecture, un film, une discussion)

....

....

....

....

5. Entraînez-vous à l'oral de l'exposé et de l'entretien. Vous vous **reporterez** à la Méthodo 4 de la fiche 46 et la Méthodo 3 de la fiche 47. **Évaluez** votre prestation grâce à la grille d'évaluation du Point Exam' ci-dessous.

POINT EXAM'

L'évaluation de la présentation du groupement et de l'entretien

L'EXPOSÉ SUR LE GROUPEMENT DE TEXTES

- □ Les textes sont cohérents entre eux.
- □ La problématique est explicite.
- □ Les lignes de force sont bien argumentées.
- □ L'exposé progresse logiquement.

L'ENTRETIEN AVEC L'EXAMINATEUR

- □ Les textes choisis correspondent bien à l'objet d'étude.
- □ Les questions sont comprises (reformulées et/ou précisées à la demande du candidat).
- □ Le candidat fait preuve de réactivité.
- □ Le candidat sait répondre à d'autres questions qui ne portent pas uniquement sur le groupement.
- □ Le candidat maîtrise les connaissances du programme.

L'EXPRESSION ORALE

- □ Les phrases sont construites, le lexique est précis, le propos est fluide, l'attitude est adaptée à la situation.

Votre lexique à compléter

→ **Illustrez** par des exemples de votre choix (titres d'œuvre, auteurs, citations) les définitions des mots-clés de chaque objet d'étude. **Aidez-vous** des fiches de l'ouvrage et de vos cours.

À propos des objets d'étude

Identité et diversité

• **Autobiographie** (*n. f.*) : récit de vie où l'auteur, le narrateur et le personnage se confondent. ▸ F4

Ex. : *L'Africain*, Jean-Marie Gustave Le Clézio.

• **Carnet de voyage** (*G. N. m.*) : récit illustré où un auteur raconte son périple et ses rencontres. ▸ F1

Ex. : ....

• **Colonialisme** (*n. m.*) : domination et exploitation d'un territoire par un État étranger. ▸ F4

Ex. : ....

• **Concession** (*n. f.*) : argument consenti à l'adversaire de la thèse qu'on défend. ▸ F5

Ex. : ....

• **Diversité** (*n. f.*) : originalité et pluralité des cultures. ▸ F14

Ex. : ....

• **Identité** (n. f.) : état civil, personnalité et culture propres à une personne. ▸ F6

Ex. : ....

• **Modalisation du jugement** (*G. N. f.*) : procédé pour s'opposer, soutenir ou nuancer une opinion. ▸ F5

Ex. : ....

• **Récit de filiation** (*G. N. m.*) : histoire de famille véridique ou imaginaire. ▸ F2

Ex. : ....

• **Singulier(ère)** (*adj.*) : ce qui différencie un individu d'un autre individu. ▸ F3

Ex. : ....

• **Valeur** (*n. f.*) : principe fondant la morale et les idéaux collectifs. ▸ F3

Ex. : ....

Au xxe siècle, l'homme et son rapport au monde à travers la littérature et les autres arts

• **Allégorie** (*n. f.*) : représentation humaine d'une valeur ou récit à visée argumentative. ▸ F19, F20

Ex. : ....

• **Ethnographie** (*n. f.*) : étude des activités d'un groupe humain (sur les plans culturel, religieux, social…). ▸ F20

Ex. : ....

• **Figure mythique** (*G. N. f.*) : personnage de fiction, mythologique ou non, incarnant des questions et valeurs universelles. ▸ F18, F19

Ex. : ....

• **Mythe** (*n. m.*) : récit mythologique ou plus tardif, évoluant selon les époques et mettant en scène des questions humaines universelles. ▸ F19

Ex. : ....

• **Persuasion (procédés de)** (*G. N. m*) : images poétiques, symboles, allégories, lexique de l'émotion visant à faire partager implicitement des ressentis ou opinions personnelles, des valeurs universelles. ▸ F20, F21

Ex. : ....

• **Psychanalyse** (*n. f.*) : science humaine analysant et soignant des traumatismes refoulés dans l'inconscient. ▸ F17, F18

Ex. : ....

....

• **Sociologie** (*n. f.*) : science humaine étudiant l'évolution des sociétés et certains faits sociaux. Elle a influencé au xxe siècle certains écrivains et artistes. ▸ F20, F22

Ex. : ....

....

• **Symbole** (*n. m.*) : objet, plante, animal, couleur représentant une valeur, une institution. ▸ F18, F20, F22

Ex. : ....

....

• **Universel(le)** (*adj.*) : qui désigne des questions, des valeurs propres à l'ensemble d'une collectivité. ▸ F19, F20

Ex. : ....

....

La parole en spectacle

• **Écart (de langage)** (*G. N. m.*) : mot, expression ou phrase qui ne respectent pas les codes de la langue. ▸ F36

Ex. : ....

• **Effacement (procédé d')** (*G. N. m.*) : procédé oratoire qui permet à l'énonciateur de ne pas exprimer son implication : lexique neutre, verbe impersonnel, mode conditionnel… ▸ F34

Ex. : ....

• **Éloquence** (*n. f.*) : art de bien parler. ▸ F34

Ex. : ....

• **Énonciation théâtrale** (*G. N. f.*) : discours direct, employant la 1re et la 2e personnes et des temps verbaux du discours (présent, passé composé). ▸ F35, F36

Ex. : ....

• **Implicite** (*n. m.*) : non-dit pouvant être compris par le contexte. ▸ F36

Ex. : ....

• **Lieu commun** (*G. N. m.*) : expression « toute faite », cliché. ▸ F36

Ex. : ....

• **Soulignement (Procédé de)** (*G. N. m.*) : procédé qui accentue l'implication de l'énonciateur : lexique d'opinion, emploi de la 1re personne, interpellation… ▸ F34

Ex. : ....

• **Tribune politique** (*G. N. f.*) : lieu réel ou virtuel, article de presse permettant à une personne d'exprimer son opinion, ses engagements, ses combats. ▸ F32, F33

Ex. : ....

À propos des compétences pour l'examen

Les compétences de lecture

• **Les supports des corpus** ▸ F9

1, 2 ou 3 textes ; 1 ou 2 textes et 1 image.

• **La présentation des corpus** ▸ F10

Le candidat explique les points communs et/ou les différences entre les supports.

• **Les questions d'analyse et d'interprétation**

▸ F24, F25

– Les questions sur le sens : elles évaluent si le candidat a compris la signification des supports.

– Les questions sur le style : elles évaluent si le candidat sait analyser et interpréter des procédés d'écriture.

– Les questions de mise en relation : elles évaluent si le candidat sait comparer des textes et/ou des images.

– Les questions de connaissances littéraires : elles évaluent si le candidat connaît les notions essentielles en lien avec l'objet d'étude.

Les compétences d'écriture

• **Les formes d'argumentation** ▸ F11

– La démonstration : elle énonce une thèse et la justifie à l'aide d'arguments. ▸ F11, F13, F14

– La réfutation : elle s'oppose à une thèse et justifie cette opposition à l'aide d'arguments. ▸ F11, F26, F27

– La délibération : elle confronte deux avis différents sur une thèse, puis énonce la thèse soutenue. ▸ F11, F28, F29

• **Le thème** : le sujet de l'argumentation. ▸ F13

• **La thèse (soutenue ou réfutée)** : l'opinion argumentée. ▸ F13

• **Les types d'arguments** ▸ F12

– L'argument d'autorité : il s'appuie sur les compétences d'une personnalité, sur un ouvrage reconnu.

– L'argument explicatif : il justifie par la cause ou la conséquence la justesse ou la fausseté d'une thèse.

– L'argument d'expérience : il justifie par un exemple concret la justesse ou la fausseté d'une thèse.

– L'argument de valeur : il s'appuie sur un principe moral, idéologique…

• **L'argumentation nuancée** : elle fait des concessions à une argumentation opposée à celle qu'on soutient. ▸ F39

Les fiches et le programme

Identité et diversité

Interrogations

• En quoi l'autre est-il semblable et différent ? ▸ F1, F2, F4, F6, F7
• Comment transmettre son histoire, son passé, sa culture ? ▸ F2, F4, F5, F6, F7, F13, F15
• Doit-on renoncer aux spécificités de sa culture pour s'intégrer dans la société ? ▸ F2, F6, F7, F14, F15

Capacités

• Analyser les modalités et les enjeux de la présentation de l'autre dans un écrit ou dans une image. ▸ F1, F2, F4, F6, F15
• Confronter ses valeurs aux valeurs de l'autre, aux valeurs collectives. ▸ F2, F4, F12, F14, F15, F16
• Comprendre comment une œuvre met en tension les expériences individuelles et les questions collectives. ▸ F2, F4, F15
• Situer les œuvres du genre biographique dans leur contexte historique et sociologique. ▸ F2, F4, F6, F15

Connaissances

• Champ littéraire : la littérature (poésie, essai) en rapport avec la colonisation et la décolonisation ▸ F2, F4, F6, F7, F15 ; les récits de voyage ▸ F1, F3, F4, F7, F12, F7, F16 ; les récits de filiation. ▸ F2, F4, F7
• Champ linguistique :
– *Lexique* : individuel/collectif/singulier ; lexique du comportement, du jugement et des valeurs ▸ F1, F2, F3, F4, F6, F14, F16.
– *Grammaire et stylistique* : connecteurs d'opposition ▸ F5 ; procédés de la concession ▸ F5 ; modalisation du jugement, valeurs du « je » ▸ F15, F16.

Au XXe siècle, l'homme et son rapport au monde à travers la littérature et les autres arts

Interrogations

• Les mythes appartiennent-ils seulement au passé ? ▸ F18, F19, F30
• Comment la lecture d'œuvres littéraires permet-elle de s'interroger sur le rapport de l'homme au monde ? ▸ F17, F21, F22, F30, F31
• En quoi le XXe siècle a-t-il modelé l'homme moderne ? ▸ F17, F18, F19, F21, F22, F29, F30, F31

Capacités

• Repérer en quoi une situation ou des personnages de fiction peuvent représenter des questions humaines universelles. ▸ F19, F30, F31
• Interpréter la dimension symbolique d'un personnage ou d'une situation. ▸ F17, F19, F20, F21
• Mettre en regard des essais, des œuvres littéraires et artistiques et les questions posées au moment de leur création sur le rapport de l'individu au monde. ▸ F19, F22, F29, F30, F31

Connaissances

• Champ littéraire : XXe siècle ; mythes et figures mythiques ▸ F18, F19, F20, F24, F30 ; l'expression du doute ou de la révolte face au monde moderne ▸ F17, F20, F21, F22, F31 ; l'influence de nouvelles sciences humaines (psychanalyse, ethnographie, sociologie) sur les arts ▸ F17, F18, F22.
• Champ linguistique :
– *Lexique* : lexique des arts et de la pensée ▸ F18.
– *Grammaire et stylistique* : symbole, allégorie ; lexique des procédés de la persuasion ▸ F20.

La parole en spectacle

• Dans le dialogue, utilisons-nous seulement des mots ? ▸ F32, F35, F36, F44
• Comment la mise en spectacle de la parole fait-elle naître des émotions (jusqu'à la manipulation) ? ▸ F32, F34, F35, F44, F45
• Qu'apporte à l'homme, d'hier et d'aujourd'hui, la dimension collective de la mise en spectacle de la parole ? ▸ F32, F33, F35, F44, F45

Capacités

• Situer la visée d'une parole dans son contexte. ▸ F32, F33, F34, F35, F45
• Comprendre comment la mise en scène de la parole contribue à son efficacité. ▸ F32, F33, F35, F37, F45
• Analyser une scène de théâtre en saisissant sa dimension scénique. ▸ F35, F36, F44

Connaissances

• Champ littéraire : XXe-XXIe siècles ; les mises en scène de la parole (plateaux de télévision, tribunes politiques, théâtres…). ▸ F32, F33, F34, F35, F36, F37, F44, F45
• Champ linguistique :
– *Lexique* : norme/écart ; implicite, sous-entendus, lieu commun ▸ F33, F34, F36, F44.
– *Grammaire et stylistique* : les procédés de soulignement et d'effacement ▸ F33, F34 ; l'énonciation dans le texte théâtral ▸ F35, F36, F44.

Fiche Objet d'étude. Fiche Méthode Examen. Fiche Évaluation.

Crédit photographique

Photo couverture : Fernand Léger, *Liberté, j'écris ton nom*, 1953.
Ph © Collection Privée/Bridgeman Images, © Adagp, Paris 2015

Pages

5	ph © Stéphanie Ledoux
12	ph © Hugh Sitton/Corbis
13	ph © Orlan, © Adagp, Paris 2015
18	ph © Kerstin Geier/Getty images
19 (4 photos)	ph © Pierre Ciot
35	ph © Clae – Affiche réalisée par Keong-A-Song
38	ph © Shaun Tan, © Dargaud, 2015
42	ph © Fondazione Giorgio e Isa de Chirico, © Adagp, Paris 2015
45 haut	ph © Friedrich Rauch/Interfot/Akg-images, © 2015 Niki Charitable Art Foundation/Adagp, Paris
45 bas	ph © Michael Herlin/Aline Gwose/BPK Berlin. Dist. RMN-Grand Palais, © 2015 Niki Charitable Art Foundation/Adagp, Paris
46	ph © AFP Photo, © 2015 Niki Charitable Art Foundation/Adagp, Paris
47	ph © Akg-images, © Adagp, Paris 2015
48	ph © Centre Pompidou, MNAM-CCI, Dist.RMN-Grand Palais, © Man Ray Trust/Adagp, Paris 2015
51	ph © Collection ChristopheL
54	ph © Stéphane Mahé/Reuters Pictures
57	ph © Robert Doisneau/Rapho
59 gauche	ph © Bridgeman Images, © Adagp, Paris 2015
59 droite	ph © Collection François Pinault, © Adagp, Paris 2015
59 bas	ph © Christie's Images/Bridgeman Images
66	ph © Philippe Migeat/Centre Pompidou, MNAM-CCI. Dist. RMN-Grand Palais, © The Estate of Francis Bacon/All rights reserved/Adagp, Paris 2015
69	© Emmanuel Chaunu
73	ph © Banque d'Images de l'Adagp/ © Adagp, Paris, 2015
76	ph © Eric Lessing/Akg-images
80	© Jean Dobritz
83	ph © Tom Mihalek/Reuters Pictures
84	ph © Photo 12
86	ph © Fondation Nicolas Hulot
90	ph © Zakir Hossain Chowdhury/Zuma/REA
91	ph © Flickr
97 gauche	ph © Christophe Guibbaud /Abacapress
97 droite	ph © Collection ChristopheL
97 bas	ph © Sabphoto-Fotolia
106	ph © Michèle Laurent
112	© Gotlib/Dargaud, 2015

MAQUETTE : PRIMOPRIMO
MISE EN PAGE : Ici & ailleurs
ICONOGRAPHIE : Eliane Usaï
RELECTURE : Anne Rémond

Éditions Foucher – Malakoff – AVRIL 2015 – 01 – CL – DL/DC

Imprimé en Italie par «La Tipografica Varese Srl» Varese